मुल्ला नसरुद्दीन के रोचक किस्से

चयन

क्लिफर्ड साहनी

पुनर्कथन

अजय कोठारी

यूनीकॉर्न बुक्स प्रा. लि.

वितरक

पुस्तक महल

F-2/16, अंसारी रोड, दरियागंज, नई दिल्ली-110002
☎ 23275434, 23262683, 23250704 • Fax: 011-23257790
ई-मेल: info@unicornbooks.in • वेबसाइट: www.unicornbooks.in

शाखा : मुम्बई

23-25, जाओबा वाड़ी, ठाकुरद्वार, मुम्बई-401002
☎ 022-22010941, 022-22053387
ई-मेल: rapidex@bom5.vsnl.net.in

शोरूम

➤ **पी.एम., पब्लिकेशन्स,** दिल्ली

- 10-बी, नेताजी सुभाष मार्ग, दरियागंज, नई दिल्ली-110002
- 6686, खारी बावली, दिल्ली-110006

ISBN: 978-81-7806-070-5
मुल्ला नसरुद्दीन के रोचक किस्से

संस्करण : 2013

मुद्रकः परम ऑफसेटर्स, ओखला, नई दिल्ली-110020

अंदर के पृष्ठों में

मुल्ला नसरुद्दीन के बारे में 7

फालतू सवाल 9

आवाज की खोज 10

तर्क शास्त्र 10

गलती चोर की 11

भविष्य वक्ता 12

गधा ही उलटा 13

जब पकड़े गए मुल्ला 14

चोरी करने दो 14

बंदर बांट 15

बच गए तो कुर्बानी 15

बात का धनी 15

अहमियत चांद की 16

बेगम का दर्द 16

कोट दो, काठी लो 17

कीमत बड़े आदमी की 18

कैसे पहुंचा ऊंट 18

लाल फल 20

जरूरत अपनी-अपनी 20

चांद निकल आया 21

जैसे को तैसा जवाब 22

खरबूज और पेड़ पर 23

खत और खता 24

खोई अंगूठी 25

मुल्ला का गधा 25

दूसरा पाठ 26

सात दिन में बच्चा 27

मुल्ला का गम 27

खोया गधा 28

होना बच्चों का 29

किस बात के पैसे 30

तीन बेर 31

उड़ने वाली बकरी 31

बैल की गलती 32

अजीब शहर 33

ये क्या बात 34

गधे की पूंछ 34

कौन प्यारी 35

फिर झगड़ा 36
खौफनाक जगह 37
मैं कौन हूं 37
मुफ्त की रोटी 38
बेमौके के ढोल...................... 39
तरीका तो बचा 40
आदमी की औकात............. 40
नसीब अपना........................ 41
तोहफे में महल 43
ये तो अच्छा हुआ कि 44
पैर जो जला है 46
भालू का शिकार.................. 46
झगड़ालू औरतें...................... 48
झगड़ते रहना चाहिए 49
अपशकुनी कौन 49
अहसान बराबर 50
रहस्यमय गाजर 51
मुल्ला का कोट 52
खैरात का हक 53
जैसे को तैसा 54
जूस का जूस 55
मूर्ख गधा 57
मछली ने बचाई जान 58
पत्थर का रसा 59
जब जमीन बोली 6
ताकि नाप याद रहे 62
आधा काम हुआ 63
सही तो यह 64
जन्नत और जहन्नुम 65
तैमूर का इंसाफ.................... 66
बेचने का नुस्खा 67
गधे की तालीम..................... 68
सब्र की जरूरत..................... 70
चोरों के घर 71
कैसे बख्शें 7
अल्लाह के वास्ते 7
बेवकूफ कौन 7
बुरा दिन 74
ऐसे मिला कोट..................... 76
डाकुओं से मुठभेड़ 77
मैं फिर बच गया 78
गधा मिल गया 7
अल्लाह की नेमत 8
सर कैसे काटता 8
खातिरदारी 8
अंगूठी का मालिक 8
परदेस की खातिर 8
गधे का मोल 8

वक्त की कीमत 86
यह तो नामुमकिन 87
कयामत 89
इंतजाम 90
बारिश में भी सूखा 91
गधे का सिर 92
उबला अंडा 94
बकरे का सिर 95
खुदा खैर करे 96
खो गई नींद 97
भिखारी 97
कुछ नहीं कहा 98
पता नहीं 98
उम्र 99
पैसा दो तकरीर नहीं 100
इतना-सा कर्ज़ 101
ज्यादा गलत 102
आलसी कौन 102
वहीं ठीक हो 102
फिजूल का तोहफा 103
जलता पानी 104
बहस में जीत 105
उसी से ठंडा, उसी से गर्म ... 106
रिश्वत 107
मैं नहीं तो सजा 107
बताओ क्या है 108
खूब रही खीर 108
कल सुनेंगे 110
माफ करना 111
नया हज्जाम 111
सयाना बचपन 112
यह ठीक है 113
लालची हकीम 114
वैसा ही आसान 115
खूबसूरत बीवी 115
एक ही रास्ता 116
अल्लाह की मर्जी 116
जिंदगी बेकार है 117
ईमानदार तस्कर 119
999 का चक्कर 120

मुल्ला नसरुद्दीन के बारे में

जो लोग कहने से हिचकते, 'वह' कह डालता। जो लोग करने से घबराते, 'वह' कर डालता। 'वह' फक्कड़ होकर भी अमीरों का अमीर था, तो गरीबों का मददगार भी। हाजिर जवाबी उसकी नस-नस में थी। ईमानदारी, खुद्दारी और नेकी 'वह' ताउम्र करता रहा। दौलत उस पर बरसती थी, शोहरत उसका पीछा करती पर दोनों से दूर भागता, ऐसा शख्स था 'मुल्ला नसरुद्दीन'।

मध्यपूर्व का यह रचनात्मक पात्र कितने ही सालों से पढ़ने वालों को हंसा रहा है, गुदगुदा रहा है। मुल्ला नसरुद्दीन के किस्से केवल उपहास या विनोद के तौर पर लेना भारी भूल होगी, क्योंकि उसका मूल उद्देश्य तो लोगों को जाग्रत करना है। इनके किस्से हमें भी अपने दिमागी घोड़े दौड़ाने पर विवश करते हैं। नसरुद्दीन के जीवनक्रम से पहचान होने के बाद हम स्वयं को

भी हाजिर जवाबी के लिए उत्सुक पाते हैं, यह इस पात्र की सबसे बड़ी सफलता है।

"मुल्ला नसरुद्दीन" आखिर था कौन? इस बात की ऐतिहासिकता में जाने से ज्यादा अच्छा है, हम उसकी दिमागी कसरतों को दाद दें और कुछ सीखें भी। वैसे मध्य एशिया के कई देश मुल्ला को अपने यहां का हुआ बताते हैं, लेकिन उजबेकिस्तान के बुखारा शहर से उनके किस्से-फसाने ज्यादा जुड़े हैं। कुछ देशों में इन्हें "खोजा नसरुद्दीन" भी कहा जाता है। टर्की में जुलाई में इसकी याद में एक शानदार उत्सव भी मनता है। यूनेस्को ने भी नसरुद्दीन की रचनाओं को मंच दिया।

भारत में इस पात्र पर एक धारावाहिक लोकप्रिय रहा। हिंदी में कई अनुवाद आए हैं। ओशो रजनीश तो अकसर मुल्ला नसरुद्दीन का जिक्र कर प्रवचनों को रुचिपूर्ण बनाया करते थे। दुनियाभर में उन पर कई चित्र, प्रदर्शनी, नाटक और व्याख्यान आयोजित हुए हैं। मुल्ला थे उदारवादी, तभी तो मध्ययुग की कट्टरता पर भी वह सफाई से कटाक्ष कर जाते थे। मान्य रिवाज वह तोड़ते और ऐसा काम कर डालते जो शायद 'वह' ही कर सकते। अब गधे को ही लें, कौन भला गधे का साथी बनना पसंद करेगा! पर वह मुल्ला ही थे जिसने जिंदगी में सबसे ज्यादा वक्त, भरोसा और साथ गधे का ही लिया, यह उनकी सोच, व्यावहारिकता और दर्शन का नतीजा था। बेखौफ और मददगार चरित्र के रूप में 'मुल्ला नसरुद्दीन' और उनकी बुद्धिमत्ता के कुछ नमूने आइए हम इस पुस्तक में जानें।

फालतू सवाल

कई लोग अकसर ऐसे सवाल उठाते हैं जिनका कोई मतलब जरूरी नहीं होता। जैसे किसी जाते हुए को कोई पूछे 'कहां जा रहे हो' और जवाब मिले 'कहीं नहीं'। मुल्ला की जिंदगी में जब ऐसे सवाल आते तो उनका जवाब भी तपाक से ही हाजिर हो जाता।

एक दिन सुहानी ठंडी हवा का मजा मुल्ला नसरुद्दीन घर के आगे कुर्सी पर बैठे ले रहे थे। सुबह का ताजा-ताजा वक्त था तो साथ थे कुछ अधपके अंडे, जिन्हें मुल्ला उबालकर खाए जा रहे थे। तभी एक आदमी वहां से गुजरा, तो यह देखकर ताज्जुब में पड़ गया, 'मुल्ला और इस खामोशी... और शराफत से बैठा है।' उससे रहा नहीं गया तो पूछ ही बैठा—''आप घर के बाहर बैठकर अंडे क्यों खा रहे हो?'' मुल्ला ने इसका जवाब यूं दिया—''अगर मेरा ऐसा करने पर तुम्हें कोई ऐतराज है तो तुम उबले अंडों पर बैठ जाओ और कुर्सी खा लो।'' बेचारा अपना सा मुंह लेकर चला गया और रास्ते भर सोचता रहा, आखिर क्यों मुल्ला के मुंह लगा।

आवाज की खोज

मुल्ला की तो फितरत ही थी, कुछ न कुछ कहो और 'कहो' नहीं तो 'करो'। एक दिन उन्हें सूझा कि आवाज की रफ्तार ही नाप ली जाए। "कैसे नापें" सो इसका हल उनके पास था ही।

वह जा चढ़े एक मीनार पर और जोर से चिल्लाए। फिर उतर कर कूद-कूद कर भागे जा रहे थे, भागे जा रहे थे। लोग हैरत में कि आज मुल्ला यह क्या नया काम अंजाम दे रहे हैं? एक से नहीं रहा गया तो पूछ बैठा—"खैरियत तो है, तुम इतनी तेज क्यों दौड़े जा रहे हो?" मुल्ला ने उसे बताया—"मैं तो दौड़-दौड़ कर यह देख रहा हूं कि मेरी आवाज आखिर कहां तक पहुंचती है?"

तर्क शास्त्र

समझदार नहीं तो चालाक आदमी की यही पहचान है कि जो उसे नहीं आए वह कभी न कहे कि मुझे यह नहीं आता, बल्कि ऐसा मजमा बांधे कि लोग समझें 'अरे इसे तो सब आता है'। इस गुण का मुल्ला से अच्छा उपयोग भला कौन कर पाता। वह मदरसे में तालीम देने गए। यह कोई आसान काम नहीं था।

'तालीम' लेना जितना कठिन, देना भी उतना कठिन। ऐसे तालीमी कामों में मुल्ला को कहां मजा आता। वे तो इस जुगाड़ में रहते कि कैसे बचूं?

एक दिन उन्होंने चेलों से पूछा—"जानते हो सिकंदर के पास ताकत कहां से आई?" चेले कभी एक-दूसरे की तरफ देखते तो कभी पीछे को कि शायद कोई तो उनमें ऐसा होगा जिसे इस सवाल का जवाब पता हो। पर आखिर सिरे तक 'न' में सिर हिलते रहे। तब मुल्ला को गुस्सा आ गया। वह बोले—"इतने अहम सवाल के बारे में नहीं जानते? तुम लोगों से तो बातें करना ही वक्त बर्बाद करना है।" इतना कहकर वह उठे और चल दिए। प्रोफेसर नसरुद्दीन के पीछे चेले भी चले जा रहे थे। अब वे सफाई दे रहे थे कि हममें से कुछ को जवाब पता था, पर हम घबराहट में बता नहीं पाए। इतना सुनते ही नसरुद्दीन पलटे और बोले—"अच्छा है, अगर तुममें से कुछ लोग यह जानते हैं और कुछ लोग नहीं जानते, तो जो जानते हैं वे उनको बता दें जो नहीं जानते।" यह सुनाकर वह आगे बढ़ गए और चेले चुप रह गए।

गलती चोर की

जो न होना था वह हो गया, मुल्ला नसरुद्दीन के घर चोरी हो गई। ऐसा तो नहीं हो सकता था पर हो गया। पर कैसे? बेचारे मुल्ला तो गए थे अपनी बेगम को बाजार में खरीददारी कराने, कोई चोर मौका देखकर मुफ्त में ही उनके घर के माल पर हाथ साफ कर गया। लौटते ही होश फाख्ता। गुस्साये मुल्ला ने पहला दोष बेगम पर ही जड़ दिया—"यह तुम्हारी गलती है, तुमने ताला अच्छी तरह से नहीं लगाया।" मुल्ला के घर चोरी की खबर से हुजूम इकट्ठा होने लगा। लोग अपने-अपने हिसाब से दोष मढ़कर मुल्ला की खीज़ बढ़ा रहे थे।

एक बोला—"तुमने खिड़की बंद नहीं की थी।"

दूसरा बोला—"जरूर, तुमने ताला ठीक से नहीं लगाया।"

तीसरा कह रहा था—"तुम्हें तो इसका अंदाजा ही नहीं होगा कि कभी चोर तुम्हारी चौखट आ सकता है।"

चौथे का कहना था—"तुम्हारा शायद ताला सही नहीं रहा होगा।"

तनमनाये मुल्ला ने सबकी बातें सुनकर कहा—"मैं अकेला इसके लिए दोषी हूं क्या?"

सबने ताज्जुब से पूछा—"फिर कौन है?"

मुल्ला ने कहा—"चोर के बारे में क्या खयाल है।"

भविष्य वक्ता

उस दिन मुल्ला को कुछ ठीक-ठीक नहीं सूझ रहा था कि क्या करें, क्या न करें। इसी उधेड़बुन में वह जा बैठे बाग के उस दरख्त पर जिसकी डाली बहुत मोटी भी नहीं रही होगी। इधर

बैठे उधर हाथों से उसी डाली पर चलाये जा रहे कुल्हाड़ी। तभी वहां से गुजर रहे किसी समझदार ने उन्हें समझाया कि "भई, इस डाली को यूं ही काटते रहे तो डाली के साथ तुम भी नीचे आ गिरोगे।"

मुल्ला को उसकी बातें सुनकर जोर का गुस्सा आया। वह सोचने लगे कैसा मूर्ख आदमी है, इसे कोई और काम नहीं जो दूसरों के काम में टांग अड़ा रहा है। वह आदमी चला गया और थोड़ी देर बाद मुल्ला भी कटी डाली के साथ नीचे आ गिरे।

गिरते ही मुल्ला को समझ में आ गया कि वह आदमी सही था, उसने भविष्य का हाल बता दिया। कराहते हुए वह उठे और लंगड़ाते उसी दिशा में दौड़े कि वह आदमी फिर मिल जाए तो पूछ लें कि 'कितने दिन और जिएंगे।' पर अफसोस वह जा चुका था।

गधा ही उलटा

मुल्ला नसरुद्दीन जो करें सो थोड़ा। उस दिन तो हद हो गई। लोग ताज्जुब से उन्हें घूरे जा रहे थे, वजह थी मुल्ला अपने गधे पर उलटे बैठे थे। गधा पूर्व दिशा में चलता तो मुल्ला का मुंह पश्चिम में होता। गधे की पूंछ की ओर मुंह किए शख्स देखकर किसे हैरत न होती!

बुखारा के लोग जानते थे कि मुल्ला से गधे पर उलटा बैठने की वजह पूछी तो जवाब भी उलटा ही मिलेगा। मुल्ला को दुनिया में अपना गधा सबसे प्रिय लगता था, इसलिए जाहिर

है कि वह गधे की गलती तो मान नहीं सकते, पर कभी-कभी गधा भी तो गलती कर सकता है।

जब रहा नहीं गया तो लोग पूछ ही बैठे—''मुल्ला, गधे पर उलटे क्यों बैठे हो?'' अब बारी थी मुल्ला की, उन्होंने जवाब दिया—''यह गलत है कि मैं गधे पर उलटा बैठा हूं, दरअसल गधे का मुंह ही गलत दिशा में है।''

जब पकड़े गए मुल्ला

गए तो थे किसी के बाग में चुपचाप खूबानी खाने, पर हाथ क्या फिसला मुल्ला पेड़ पर ही उलटा लटक गए। तभी वहां आए माली ने उनकी हालत देखी तो हंसते हुए पूछा कि तुम किसी और के पेड़ पर ऐसे क्यों लटके हो।

मुल्ला बोले—''तुम यह मत सोचो कि मैं एक बुलबुल हूं। वैसे बुलबुल के लिए पेड़ पर चढ़ना पाप तो नहीं है।''

माली हंसा—''तब तो जरा अपनी बुलबुल-सी आवाज में गाकर तो सुनाओ।''

मुल्ला ने मजबूरन गाना शुरू किया। बेकार, बेसुरा। माली ने उन्हें रोककर पूछा—''क्या बुलबुल इतना बुरा गाते हैं?''

मुल्ला ने कहा—''कच्चे खूबानी खाकर बुलबुल इससे अच्छा तो नहीं गा सकते।''

चोरी करने दो

कभी मुल्ला ने तंगहाली में भी जिंदगी बसर की। गरीबी-मुफलिसी के दिनों में ही एक रात चोर उनके घर घुस गया। सामान टटोलने की आवाज सुनकर जागी उनकी बेगम ने मुल्ला के कान में फुसफुसा कर कहा—''उठो, घर में चोर है।''

''शशश....उन्हें यहां-वहां सब जगह ढूंढ़ने दो, शायद कोई चीज ऐसी मिल जाए जो उनके लायक हो।'' मुल्ला ने कहा।

बंदर बांट

मुल्ला नसरुद्दीन ने एक, दो, तीन नहीं पूरे सात बंदर पाल रखे थे। बंदर भी शरारती होने के साथ अपने मालिक की तरह जिद्दी भी पूरे थे।

एक दिन मुल्ला ने बंदरों से कहा—''मैं तुम्हें तीन अंजीर सुबह और चार शाम को दूंगा, इससे ज्यादा नहीं मिलेगा।'' बंदर नाराज हो गए। बंदरों की नाराजगी देखकर तुंरत मुल्ला ने बात बदली—''अच्छा मैं तुम्हें चार अंजीर सुबह और तीन शाम को दूंगा।'' यह सुनकर बंदर खुश हो गए।

बच गए तो कुर्बानी

वह धोबी बड़ा लापरवाह था। उसकी जरा सी लापरवाही ने बेचारे मुल्ला नसरुद्दीन की जान ही ले ली होती। अगर कमीज धोई थी तो ठीक से ही सुखाता।

हुआ यह कि धोबी ने मुल्ला की कमीज धोई और सूखने के लिए घर के ऊपर डाल दी। तभी जोर से हवा का झोंका आया और कमीज उड़ती हुई मैदान में जा गिरी। यह नजारा देख मुल्ला ने पहले तो शुक्र मनाया, फिर बेगम के पास जाकर बोले—''मैं आज बकरे की कुर्बानी चढ़ाऊंगा।''

बेगम ने पूछा—''इस खुशी की वजह?''

मुल्ला ने उसे बताया—''क्योंकि यह मेरा भाग्य था कि मैं उस शर्ट के अंदर नहीं था, नहीं तो मैं आज मर जाता।''

बात का धनी

जो न पूछना था वह पूछ डाला किसी नामालूम ने। पूछा भी तो क्या? उम्र पूछ ली मुल्ला नसरुद्दीन की। मुल्ला भी भले आदमी थे। कहां छिपाते असल बातों को, सो बता बैठे—पूरे 'चालीस'।

वह आदमी भी अजीब था। दस साल बाद फिर आया और फिर उम्र पूछा। मुल्ला ने भी फिर बताया कि 'चालीस'।

उस आदमी को यह कैसे सहन होता? उसने यह कहने की हिमाकत कर डाली कि—दस साल पहले पूछा था, तब भी उम्र चालीस, यह कैसे? अब बारी थी मुल्ला की। उन्होंने पलटकर जवाब दिया—"मैं उस आदमी की तरह नहीं हूं, जो दस बार अपनी जुबान बदले, एक बार जो कह दिया तो उस पर डटा रहता हूं।"

अहमियत चांद की

वैसे यह तो अपनी-अपनी समझ की बात है कि सूर्य फायदेमंद है या चंद्रमा। किसी को सूरज में तो किसी को चंद्रमा में फायदा दिखता है। बात उसकी अहमियत की है। उस नौजवान को भी कई दिन से यह सूझ नहीं रहा था कि दोनों में किसकी मौजूदगी फायदे-भरी है। कभी उसे लगता सूरज में फायदा है तो कभी चांद में। सवाल नादानी-भरा नहीं, बल्कि अहमियत का है। सो वह मुल्ला नसरुद्दीन के पास जा पहुंचा। मुल्ला से बेहतर ऐसे सवाल और कौन हल कर सकता!

मुल्ला ने उसे बताया कि यह तो एकदम साफ बात है। इसमें समझने को है ही क्या? सूरज दिन में निकलता है तब तो वैसे ही उजाला होता है, होता है कि नहीं? इसलिए इसका तो क्या निकलना और क्या न निकलना। रही बात चांद की तो वह रात के अंधेरे में निकलता है और आसपास का अंधेरा भी हटाता है। जाहिर है चंद्रमा सूरज से हजार गुना बेहतर है।

बेगम का दर्द

बदकिस्मती से एक दिन मुल्ला की प्यारी बेगम अचानक थोड़ी देर के लिए बीमार हो गई, बेचारे मुल्ला पर तो जैसे कहर टूट पड़ा। वे परेशान हो उठे। बेगम का दर्द अपना मर्ज, बेगम का मर्ज अपना दर्द। बेगम पेट के दर्द से तड़फ रही थीं, उन्होंने मुल्ला को जल्द से जल्द हकीम साहब ले आने की गुजारिश

की। सुनते ही मुल्ला भी तेज चाल में रवाना हो गए। अभी वह गली में पहुंचे ही थे कि बेगम की आवाज सुनाई दी—''मेरे पेट का दर्द बंद हो गया, अब हकीम साहब की जरूरत नहीं।'' पर मुल्ला फिर भी नहीं रुके। वे छूटे हुए तीर की तरह बेगम की आवाज अनसुनी किए सीधे हकीम साहब के यहां पहुंच कर ही माने।

हकीम साहब को देखते ही उन्होंने कहा—''मेरी बेगम के पेट में दर्द था। जब मैं आपको बुलाने घर से निकला तब गली में बेगम की आवाज सुनाई दी—''कह रही थी दर्द खत्म हो गया, हकीम साहब की जरूरत नहीं।'' इसलिए मैं आपको बता दूं कि अब आपको वहां आने की जरूरत नहीं है।''

कोट दो, काठी लो

उस गर्मी के दिन रेगिस्तान से गुजरते हुए मुल्ला का मन साथ बह रही जलधारा की ओर खिंच रहा था। मुल्ला ने सोचा क्यों न थोड़ी देर गधे की सवारी छोड़ पानी का मजा लिया जाए। यह सोचकर उन्होंने अपना कोट उतारा और उसे अपनी जगह गधे की पीठ पर लाद दिया। मुल्ला अब सोते की तरफ चले गए। तभी देर से मौका तलाश रहा पीछे चले आए चोर ने गधे की पीठ से कोट उठाया और रफूचक्कर हो गया।

जब मुल्ला नसरुद्दीन लौटकर आए तो देखा गधे पर से कोट नदारद है। वह सब माजरा समझ गए—''जरूर यह गधा मेरे साथ मजाक कर रहा है।'' उन्होंने भी उसे सबक सिखाने की ठान ली। आखिर कोट किसी मामूली का तो था नहीं जो गधे जैसे को बख्श दिया जाता। मुल्ला ने बदले में गधे की काठी खोल ली और उससे कहा—''जब तक तुम मेरा कोट नहीं लौटाते, तब तक मैं भी तुम्हारी काठी नहीं देने वाला।''

कीमत बड़े आदमी की

दुनिया के मालदार अकसर अपनी कीमत बढ़-चढ़ कर ही आंकते आए हैं। कोई लखपति, कोई करोड़पति, तो कोई अरबपति। लेकिन मुल्ला नसरुद्दीन के आगे भला किसकी क्या औकात। आदमी की असल कीमत क्या होती है, यह वह अच्छी तरह जानते थे।

एक बार एक दौलतमंद मुल्ला से उलझ पड़ा। वह चाहता था कि मुल्ला उसे बताए कि उसकी असल कीमत क्या हो सकती है। उम्मीद तो उसे लाखों दीनार में आंके जाने की थी, फिर भी वह मजाक में बोला—"अगर मैं गुलाम होता तो मेरी कीमत क्या होती?"

मुल्ला ने जवाब दिया—"पचास दीनार।"

गुस्से में दौलतमंद बोला—"पचास दीनार! यह तो मेरे कपड़ों की धुलाई का दाम है।"

मुल्ला ने चहककर कहा—"मैंने बिल्कुल सही दाम बताया, क्योंकि बड़े आदमी की तो कोई कीमत होती ही नहीं।"

कैसे पहुंचा ऊंट

जरा-सी दौलत क्या आई मुल्ला का तो जैसे दिमाग ही फिरने लगा। पैसे थोड़े थे और पोटली भी छोटी, पर मुल्ला को लगा यह छिपाकर रखने के लिए उनका घर तो और भी छोटा है, सो लगे पिछवाड़े गड्ढा खोदने। गड्ढे में पैसे की पोटली रखी और मिट्टी डालकर ढक दिया। मन फिर भी नहीं माना। कहीं चोर पहुंच गया तो? बस, मिट्टी हटाई और दूसरा गड्ढा खोदा जो और अधिक गहरा था। इसमें पोटली डाल दी। खतरा मन से जा नहीं रहा था।

एक तरकीब ने मुल्ला नसरुद्दीन की सारी परेशानी हल कर दी। 'बस अब पोटली की हिफाजत हो जाएगी' यह भरोसा कर उन्होंने फिर गड्ढे से पैसे की पोटली निकाली और अपने लाडले

गधे पर उसे रखा। अब वह बुखारा की उस सबसे ऊंची पहाड़ी पर चले जा रहे थे, जहां एक पेड़ लगा था। वहां पहुंचकर मुल्ला ने पोटली को पेड़ पर इस भरोसे से लटका दिया कि यहां कोई इनसान तो आने से रहा। इनसान कोई पंछी तो है नहीं जो यहां उड़ा चला आए। अब मेरे पैसे की पोटली हिफाजत से रह पाएगी।

मुल्ला का यह काम वहीं छिपा एक आदमी गौर से देख रहा था। इधर मुल्ला पहाड़ी से उतरे, उधर उसने पोटली उतारी। पोटली खोलते ही उसकी आंखें चमक उठीं—'पैसे'। आदमी ने पैसे निकाल कर पोटली में ऊंट की लीद भर दी।

कुछ दिन बाद मुल्ला को किसी काम से पैसे की तंगी लगी, सो उन्होंने पहाड़ी की ओर रुख किया। वहां पहुंचकर पोटली उतारी, खोली और जो देखा वह देखकर हैरान रह गए। बोले—"यह चमत्कार है! जहां आदमी नहीं पहुंच सकता, वहां एक ऊंट कैसे पहुंच गया!"

लाल फल

बाजार से गुजरते वक्त मुल्ला नसरुद्दीन के पांव एक जगह ठिठक गए। उन्होंने देखा कि एक आदमी लाल चमकीले फल बेच रहा है। यह देख उनके मुंह में पानी आ गया। उन्होंने बेचने वाले से पूछा—''इसके बदले में तुम्हें चांदी के कितने सिक्के दे दूं।'' बेचने वाला भी कम नहीं था। उसने कह दिया—''पूरी टोकरी भरकर।''

अब उन लाल फलों के मालिक मुल्ला उन्हें खाए जा रहे, पर यह क्या? न तो वह मीठे, न रसीले। वे तो सूखे और तीखे। खाते-खाते मुल्ला के मुंह में आग तो आंखों में पानी। तभी पास गुजरते एक आदमी ने कहा—''तुम मिर्ची क्यों खा रहे हो।'' ''ओह यह मिर्ची है'' यह कहकर उन्होंने फिर एक, फिर दूसरी, फिर तीसरी। आदमी फिर बोला—''अब क्यों मिर्ची खाये जा रहे हो।'' लाल मुंह, लाल कान, लाल नाक, लाल आंखें, लाल होंठ लिए कराहते हुए मुल्ला बोले—''दोस्त मैं मिर्ची नहीं खा रहा, मैं तो अपने पैसे खा रहा हूं।''

जरूरत अपनी-अपनी

उस दिन मुल्ला नसरुद्दीन मस्जिद से नमाज अदा कर निकले ही थे कि गली में उन्हें दो भिखारी मिल गए। मुल्ला भी नेकी के मूड में थे और थे भी दरियादिल इनसान। सोचा खुदा के घर से चला हूं तो थोड़ी नेकी करता चलूं, फिर क्या दरिया क्या भिखारी।

भीख देने से पहले उन्होंने पहले भिखारी से पूछा—''क्या तुम फिजूल खर्ची करते हो?''

''हां''—भिखारी ने कहा।

''क्या तुम चाय, बीड़ी वगैरह पीते हो?'' मुल्ला ने पूछा। भिखारी ने कहा—''हां।''

''जब दोस्तों के साथ बैठते हो तो शराब भी पीते हो।'' मुल्ला के यह पूछते ही भिखारी चहककर बोला—''हां'', ''मुझे

बहुत पसंद है।" यह जानकर मुल्ला ने जेब से एक सोने का सिक्का निकाला और उस भिखारी को दे दिया, भिखारी खुशी-खुशी शुक्रिया अदा करता चला गया।

अब मुल्ला ने वैसे ही सवाल दूसरे भिखारी से किए जो शक्लो-सूरत में कुछ शरीफाना नजर आ रहा था। मुल्ला ने पूछा—"क्या तुम फिजूल खर्ची करते हो?" "नहीं, बिल्कुल नहीं?" दूसरा भिखारी बोला।

मुल्ला ने फिर पूछा—"क्या तुम चाय, बीड़ी पीते हो?" दूसरे भिखारी ने फिर इंकार किया।

अब मुल्ला ने पूछा—"क्या तुम रोज नहाते हो?" भिखारी ने मना किया।

मुल्ला ने तब पूछा—"क्या तुम दोस्तों के साथ पीते हो?" दूसरे भिखारी ने जवाब दिया—"नहीं मैं तो सादा जीवन जीता हूं और खुदा की इबादत करता हूं।"

यह सुनकर मुल्ला बड़े संतुष्ट हुए और जेब से एक छोटा सा तांबे का सिक्का निकाल कर उस भिखारी को दे दिया। चकित दूसरे भिखारी ने उनसे कह ही दिया—"मैं सीधा-साधा हूं तो आपने मुझे तांबे का सिक्का दिया और वह पहले वाला जो फिजूल खर्ची करता है उसे आपने सोने का सिक्का दिया!"

यह सुनकर मुल्ला ने बताया—"मेरे दोस्त उसकी जरूरतें तुमसे ज्यादा जो हैं।"

चांद निकल आया

मदभरी रात थी, चांद चांदनी बिखेर रहा था। मुल्ला ऐसे वक्त में एक कुएं के पास से गुजर रहे थे। पता नहीं उन्हें क्या सूझा कि वह कुएं में झांकने लगे। पानी में चमकता चांद देख उन्हें बड़ा अफसोस हुआ। "बेचारा कुएं में गिर गया।" मुल्ला ने सोचा और ठान ली कि उसे कुएं से निकाल कर ही रहेंगे। वह कहीं से एक रस्सी ले आए और उसे कुएं में डाल दी। रस्सी हिलाते जाते और ताज्जुब करते जाते कि चांद आखिर कुएं में गिरा कैसे?

मुल्ला की मेहनत बेकार नहीं गई। रस्सी में चांद तो नहीं, एक पत्थर जरूर अटक गया। मुल्ला ने सोचा चांद है। उन्होंने ताकत लगाकर रस्सी खींचनी शुरू की। रस्सी में खिंचाव आया। पत्थर

थोड़ी देर तक उठा, फिर गिर गया। उधर रस्सी का दूसरा छोर खींच रहे मुल्ला भी पीठ के बल जमीन पर जा गिरे। गिरते ही उन्हें चांद-तारे नजर आ गए। आसमान पर चांद देखते ही उन्होंने खुद से कहा—"ओह, आखिर मैंने चांद को कुएं से निकाल ही लिया।"

जैसे को तैसा जवाब

बारिश होने से मुल्ला की छत गाहे-बगाहे पानी रिसा देती। एक दिन उसने ठाना कि आज छत पर चढ़कर क्यों न कवेलू ठीक-ठाक कर लिए जाएं। जब वह छत पर काम कर रहे थे तभी किसी ने दरवाजे पर दस्तक दी।

आवाज सुनकर ऊपर से ही मुल्ला ने पूछा—"कौन है, तुम्हें क्या चाहिए?" आवाज लगाने वाले ने कहा—"मेहरबानी करके नीचे आ जाओ तो मैं आने की वजह बताऊं।" वह एक भिखारी था।

मुल्ला ने सोचा आखिर क्या बात हो सकती है! उन्होंने नीचे आना जरूरी समझा और सीढ़ी से उतरकर उससे पूछा—"बात क्या है?" भिखारी बोला—"दया करके मुझ गरीब को कुछ पैसे दे दो।" मुल्ला ने उसे कहा—"मेरे साथ छत तक आओ।" यह कहकर वह आगे-आगे सीढ़ी चढ़ते चले गए।

जब भिखारी भी छत तक पहुंच गया तो मुल्ला ने कहा मेरा जवाब है 'नहीं'। यह सुनकर भिखारी ने शिकायती लहजे में कहा—"तो फिर यहां तक क्यों लाए। नहीं देना था तो वहीं कह दिया होता।" मुल्ला ने हंसकर कहा—"अच्छा! तुमने भी तो मुझसे नीचे आने की गुजारिश तब की थी जब मैं छत पर था।"

खरबूज और पेड़ पर

खुदा ने हर चीज बड़ी सोच-समझकर ही बनाई है और उसी हिसाब से उसकी जगह भी तय की है। तभी तो पानी, पानी की जगह है। हवा, हवा की और मिट्टी, मिट्टी की जगह। लेकिन कई बार मुल्ला नसरुद्दीन का मन नहीं मानता। वह चाहते थे कि चीजें उलट-पुलट हो सकतीं तो अच्छा होता, जैसे खरबूजे बड़े होने के कारण ऊंचे दर्जे के हकदार होते, लिहाजा उन्हें आसमान में लटकना था और ये छोटे-छोटे अखरोट की बिसात तो जमीन लायक ही होना था।

गर्मी की दोपहर में वह अखरोट के पेड़ के नीचे लेटे कुछ ऐसे ही खयालों में खोए थे। लेटे-लेटे उन्हें थोड़ी दूरी पर खरबूज दिखे जो छोटी-सी बेल में लगे थे। मुल्ला को बड़ा रंज हुआ—"देखो खुदा की बनाई चीज भी कई बार समझ में नहीं आती। ये छोटे-छोटे अखरोट तो शानदार पेड़ पर इतरा रहे हैं और ये शानदार खरबूज देखो बेचारे कैसे छोटी-सी बेल में अटके हैं।"

तभी एक अखरोट टूटकर मुल्ला के सिर पर 'ठक' से गिरा। इससे मुल्ला का चिंतन बदल गया। अखरोट हाथ में लेकर वह कभी उसे देखते तो कभी सलामती में अपने सिर पर हाथ

फेरते। उन्हें अहसास हो गया कि अल्लाह ने क्यों अखरोट को पेड़ पर जगह दी। अगर यह जगह खरबूज को मिलती तो...और वह गिरता तो...मुल्ला ने सोचा—''मैं यहां नहीं होता।''

खत और खता

बुखारा में पढ़े-लिखे लोग सिर पर उस समय एक साफा बांधा करते थे। हमारे मुल्ला नसरुद्दीन कितने पढ़े-लिखे थे, कौन पूछे? पर वह साफा या पगड़ी जरूर सिर पर धरते।

एक बार एक अनपढ़ दौड़ा-दौड़ा मुल्ला के पास आया और उन्हें खत देकर गुजारिश करने लगा कि जरा इसे पढ़ दो। मुल्ला ने उससे वह खत ले तो लिया पर हर तरफ से घुमा-फिराकर देखने पर भी उन्हें अहसास हो गया कि इसका तो एक-एक अक्षर भैंस बराबर। खत लौटाते हुए उन्होंने कहा—''माफ करना, मैं इसे पढ़ने-समझने में नाकाम हूं।''

अनपढ़ आदमी मुल्ला की यह बेबसी देख रोने लगा—''शर्म करो मुल्ला, तुम्हें शर्म आनी चाहिए कि तुम साफा पहने हुए हो।'' यह सुनकर मुल्ला भी तैश में आ गए और दोनों हाथ

से अपना साफा निकाला और उस अनपढ़ आदमी के सिर पर रखकर बोले—"अब यह साफा तुम पहने हो और अपना खत खुद पढ़ लो।"

खोई अंगूठी

उस अंधेरी रात में घर के अंदर ही फर्श पर न जाने कैसे मुल्ला की अंगूठी उंगली से निकलकर जा गिरी। अंधेरे में अंगूठी ढूंढ़ने का तो कोई मतलब था नहीं, पर मुल्ला कहां चैन से बैठने वालों में से थे। उन्हें तो ढूंढ़ना था तो बस ढूंढ़ना था। उन्होंने सोचा फर्श पर गिरी है तो जाएगी कहां? चलो गली में ही ढुंढ़ाई कर लें।

गली में यहां-वहां अंगूठी ढूंढ़ रहे मुल्ला को देखकर एक आदमी ने पूछा—"क्या खो गया मुल्ला"। जवाब मिला—"अंगूठी।" यह सुनकर वह भला आदमी भी मुल्ला का हाथ बंटाने लगा। बड़ी देर हो गई। अंगूठी का कहीं नामो निशान नहीं। हारकर उस आदमी ने पूछा—"क्या तुम्हें अच्छी तरह पता है कि तुम्हारी अंगूठी यहीं है।" इस पर मुल्ला ने कहा—"नहीं, मेरी अंगूठी तो घर के फर्श पर गिरी है।" झुंझला कर वह आदमी बोला—"तो फिर यहां गली में क्यों अपना समय बर्बाद कर रहे हो।" मुल्ला ने कहा—"क्यों बेवकूफी की बात करते हो। वहां अंधेरे में कैसे देखता। गली में उजाला है, इसलिए देख रहा हूं।"

मुल्ला का गधा

वह पड़ोसी बड़ा ही कंबख्त था। मुल्ला को जरा भी पसंद नहीं करता था। फूटी आंखें उसे कुछ नहीं सुहाता, पर ये तो उसकी मजबूरी थी जो आज मुल्ला नसरुद्दीन की चौखट पर आना पड़ा। उसे आया देख मुल्ला भी ताज्जुब में कि यह आज यहां कैसे? "जरूर इसकी कोई गरज़ होगी।" मुल्ला ने सोचा।

पड़ोसी ने आते ही कहा कि उसे गधे की जरूरत है। मुल्ला ने उसे झूठे ही कहा—"गधा तो यहां नहीं है, उसे तो मेरा भाई दूसरे शहर कल ही ले गया, गेहूं जो ढोने थे।" यह सुनकर पड़ोसी मायूस होकर जाने लगा, तभी पिछवाड़े खड़ा मुल्ला का

गधा जोर से रेंकने लगा। गधे की आवाज सुनते ही पड़ोसी पलटा और मुल्ला की ओर देखकर बोला—"तुम तो कह रहे थे कि गधा यहां नहीं है।" अब मुल्ला पड़ोसी से बोला—"यार किसकी बात पर भरोसा करोगे, मेरी या गधे की?"

दूसरा पाठ

पता नहीं कैसे मुल्ला को यह शौक चर्रा गया कि क्यों न अब साज-संगीत, गाना-बजाना सीखा जाए। बाजा बजाना सीखने के लिए उन्होंने एक उस्ताद भी ढूंढ़ निकाला, जो ले-देकर कुछ तो सिखाता ही था।

मुल्ला ने उस्ताद से सीखने से पहले पूछा कि वह क्या दाम लेगा? इस पर उस्ताद ने कहा—"पहले पाठ के तीन सौ और दूसरे पाठ के सौ सिक्के।" सुनकर मुल्ला विचार करने लगे कि क्या ठीक है। उन्हें याद आया कि बचपन में भेड़ चराते

वक्त पेड़ के नीचे बैठकर वह थोड़ा बहुत बजाना तो सीख ही गए थे जो शायद उस्ताद के पहले पाठ जितना तो होगा ही, इसलिए पहले पाठ के लिए तीन सौ सिक्के क्यों दिए जाएं? उस्ताद ने पूछा—"क्या सोच रहे हो?" मुल्ला ने कहा—"दूसरा पाठ ही ठीक है।"

सात दिन में बच्चा

यह मुल्ला की बदनसीबी ही थी कि उनकी बेगम अचानक चल बसी। मुल्ला का तो बुरा हाल। बगैर बीवी के वह जिंदगी गुजारने की हालत में थे नहीं। अकेलापन कैसे दूर हो, इसलिए उन्होंने दूसरी शादी का फैसला कर डाला। इस काम में उनके यार, दोस्त, रिश्तेदार भी जुटे। सबने एक विधवा ढूंढ़कर उसकी मुल्ला से शादी करा दी।

मुल्ला की खुशनसीबी! इधर नई बेगम मिली, उधर ठीक सातवें रोज बच्चा भी पैदा हो गया! मुल्ला दौड़े-दौड़े बाजार गए। वहां से कलम, दवात, किताबें-कागज वगैरह खरीदे और घर लाकर बच्चे के सिराहने रख दिए।

सामान देखकर नई नवेली बेगम बोली—"इन सामान की इसे कम से कम तीन साल तो जरूरत ही नहीं, तुम क्यों ले आए?"

अब मुल्ला ने उसे समझाया—"बेगम जब यह बच्चा नौ महीने की जगह सात ही दिन में आ गया तो उसे इन सब चीजों के लिए ज्यादा से ज्यादा चार दिन ही तो लगेंगे।"

मुल्ला का गम

मुल्ला इतने गमगीन तो तब भी नहीं हुए थे जब उनकी बेगम इस दुनिया से कूच कर गई थी, लेकिन उनका गधा क्या गया जैसे मुल्ला का तो सब कुछ ही चला गया। गधे की मौत ने उनकी जिंदगी बदल दी। अब वह सुबह-सुबह भी घूमने जाने

लगे। उनके व्यवहार में आई तब्दीली से हैरान उनके पड़ोसियों ने उनसे पूछ ही लिया—''मुल्ला! इतना गम तो आपने अपनी बेगम की मौत पर भी नहीं मनाया, जितना गधे की मौत पर मना रहे हो।''

मुल्ला ने जवाब दिया—''जब मेरी बेगम खुदा को प्यारी हुई थी तो सारे पड़ोसियों ने कहा था फिक्र मत करो, हम तुम्हें इससे भी अच्छी बेगम ब्याह लाएंगे और जब मेरा गधा मर गया तो किसी ने नहीं कहा कि तुम्हें इससे अच्छा गधा लाकर देंगे।''

खोया गधा

यह तो खुदा की मेहरबानी ही थी जो बच गए मुल्ला नसरुद्दीन वर्ना खो ही जाते। यह तो अच्छा हुआ उस दिन वह गधे पर सवार नहीं थे।

मुल्ला का गधा कहीं खो गया। मुल्ला उसे गलियों में ढूंढ़ भी रहे और खुदा का शुक्र भी अदा कर रहे कि अच्छा हुआ गधा ही खोया। इतने में एक आदमी ने उन्हें रोकर कर पूछा—''तुम्हारा तो गधा खो गया, ऊपर से तुम इस नुकसान पर खुश होकर खुदा का शुक्रिया अदा कर रहे हो?'' मुल्ला ने चहककर

कहा—"अगर मैं गधे पर बैठा होता और गधे के साथ ही खो जाता फिर! तब किसी और को मेरी और गधे की ढुंढ़ाई की जहमत उठानी पड़ती कि नहीं?"

होना बच्चों का

इधर मुल्ला की गर्भवती बेगम दर्द से कमरे में तड़फ रही थी। उधर बेचैनी में मुल्ला बाहर चहल कदमी कर रहे थे। कभी इधर जाते कभी उधर, तभी एक औरत बाहर आई—"मुबारक हो, मुबारक हो। तुम्हारी बेगम ने फूल-सा बच्चा जना है।" सुनते ही मुल्ला खुश हुए और मोहल्ले में यह खबर देने चले गए। अभी वे लौटे ही थे कि फिर एक औरत बाहर आई—"हुजूर, मुबारक हो। तुम्हारी बेगम ने एक बच्ची जनी है।" दूसरे बच्चे की खबर सुनकर मुल्ला फिर बेहद खुश हुए। उन्होंने हाथ उठाकर खुदा का शुक्रिया अदा किया और यह खबर सुनाने पड़ोस में चले गए।

लौटते ही फिर औरत ने बताया—"मुबारक हो फिर एक और बच्ची पैदा हुई है।" तीसरे बच्चे को भी उन्होंने खुदा की मेहरबानी समझकर कबूल किया था कि हद तो तब हो गई जब

थोड़ी ही देर में उन्हें चौथी औलाद होने की खबर मिली। अब मुल्ला का माथा ठनका कि ऐसे ही चलता रहा तो.....

मुल्ला तेज कदमों से उस कमरे में गए जहां उनकी बेगम लेटी हुई थी। दरअसल वह यह जानना चाहते थे कि वहां आखिर चल क्या रहा है? उन्होंने देखा कि बेगम के पास एक बड़ी मोमबत्ती जल रही थी। उन्होंने उसे फौरन बुझा दिया और बाहर निकल आए। इस पर पीछे आई दाई ने कहा—''आपने मोमबत्ती क्यों बुझा दी। हम अब अंधेरे में बच्चे कैसे कराएंगे।''

मुल्ला ने कहा—''नहीं, तुम्हें इसकी जरूरत नहीं। तुम्हें पता नहीं इसकी रोशनी देखकर ही तो बच्चे एक के बाद एक बाहर आ रहे थे। अब न रोशनी होगी न और बच्चे ही आएंगे।''

किस बात के पैसे

मुल्ला ने सोचा ईद आ रही है क्यों न एकाध नया कपड़ा खरीद लिया जाए। बाजार पहुंच कर दुकानदार से उन्होंने कपड़े दिखाने को कहा। दुकानदार ने एक से एक कपड़े दिखाए—कुर्ते, कोट, शेरवानी, सलवार, पर बड़ी मुश्किल से उन्होंने एक पाजामा ही पसंद किया।

पाजामे के दाम चुकता करने से पहले ही एकाएक उनका मूड बदला और उन्होंने उसे दुकानदार को वापस करके उसी दाम का एक लबादा ले लिया। लबादा लेकर वह जाने को हुए, तभी दुकानदार ने उन्हें टोका—''पैसे।'' मुल्ला ने कहा—''मैंने तुम्हें पाजामा लौटा तो दिया।'' दुकानदार ने कहा—''पर आपने पाजामे के पैसे भी तो कब दिए हैं?'' मुल्ला ने कहा—''जब मैंने पाजामा खरीदा ही नहीं, तो फिर किस बात के पैसे।'' यह कहकर वह लबादा ओढ़े बाजार में आगे बढ़ गए और बेवकूफ बना बेचारा दुकानदार सिर धुन-धुनकर माजरा समझने की कोशिश करता रहा।

तीन बेर

मुल्ला का मन हुआ कि क्यों न आज शहर के काजी से ही मुलाकात की जाए। मुलाकात के लिए खाली हाथ जाना बाजिव नहीं समझकर उन्होंने तीन बेर रख लिए। वह चाहते थे कि ये बेर काजी साहब को तोहफे में दिए जाएं।

रास्ते में उन्हें एक आदमी मिला। उसने पूछा—"कहां जा रहे हो मुल्ला।" मुल्ला नसरुद्दीन ने जवाब दिया—"मैं काजी साहब से मिलने जा रहा हूं और तोहफे में तीन बेर लिए जा रहा हूं।" आदमी ने कहा—"तीन क्यों? दो ही तो बहुत होते।" मुल्ला को उसकी बात जंच गई और एक बेर तपाक से उनके मुंह में था।

थोड़ी ही दूरी पर उन्हें एक आदमी और मिला उसने भी पहले की तरह पूछा—"कहां जा रहे हो?" मुल्ला ने बताया—"काजी साहब से मिलने जा रहा हूं, उन्हें तोहफे में दो बेर दूंगा।" उस आदमी ने कहा—"दो की क्या जरूरत, एक ही तो काफी होता।" मुल्ला ने उसकी सलाह मानी और एक और बेर उनके पेट में था।

जब वह काजी की चौखट तक पहुंचे तो उनके पास एक ही बेर था। काजी तक पहुंचने से पहले नजदीक खड़े उनके चाकर ने पूछा—"तुम्हारे पास क्या है?" मुल्ला ने उसे बताया कि—"तुम्हारे मालिक के लिए बेर लाया हूं"। तभी काजी बोल पड़ा—"इसे खाने का सही तरीका क्या है?" मुल्ला ने कहा—"बहुत आसान! इस तरह" और वह आखिरी बेर भी खा गया।

उड़ने वाली बकरी

अपनी बात मनवाने में मुल्ला का दिमाग लाजवाब ही रहता आया था। एक बार वह अपने खास दोस्त के साथ तपते रेगिस्तान में चले जा रहे थे। सफर बड़ा तकलीफ-भरा था। हवा जरा भी नहीं चल रही। थोड़ी दूरी पर दोनों को कुछ काला-काला धब्बा जमीन पर दिखाई दिया। उसे देखकर दोस्त बोला—"देखो वह

गिद्ध है।'' मुल्ला ने कहा—''नहीं वह बकरी है।'' दोस्त कहता ''गिद्ध'' और मुल्ला कहता ''बकरी'', आखिर है क्या? यह जानने के लिए दोनों थोड़ा पास पहुंचे और दोस्त ने एक ढेला उठाकर उस पर फेंका तो वह चीज फौरन उड़ गई। अब दोस्त

बोला—''देखो मैं सही कहता था न कि वो गिद्ध है।'' पर मुल्ला भी कहां मानने वाले थे, उन्होंने कहा—''नहीं, यह तो उड़ने वाली बकरी है।''

बैल की गलती

मुल्ला के पास दो बैल भी थे। एक बड़ा था जिसकी उम्र दूसरे से ज्यादा थी। दूसरा छोटा जो पहले वाले से कुछ ही छोटा था। एक दिन वह अपने इन दोनों बैलों के साथ खेत जोत रहे थे तभी खेत की हद लांघ कर बैल बाहर हो गए। अब मुल्ला को गुस्सा आया—''इतनी बड़ी गलती'' और उन्होंने ताबड़तोड़ बड़े वाले बैल को मारना शुरू कर दिया। यह सब देख रहे एक आदमी ने कहा—''मुल्ला इस बेचारे को क्यों मारे जा रहे हो, जबकि गलती तो उस छोटे बैल की थी।'' मुल्ला ने कहा—

''मैं अच्छी तरह जानता हूं क्या हो रहा है? मैं इस बैल को इसलिए मार रहा हूं कि यह बड़ा होकर भी छोटे बैल की आदत नहीं सुधार सकता।''

अजीब शहर

किसी काम से मुल्ला नसरुद्दीन को किसी दूसरे शहर में जाना पड़ा। वह तिजारत के लिए वहां गए थे, पर वो शहर उन्हें अपने माफिक नहीं लग रहा। उखड़े-उखड़े मुल्ला उस अनजान शहर में रात को गुजर रहे थे तभी एक कुत्ता उन्हें भौंकने लगा। भगाने

पर भी वह नहीं भाग रहा और उन पर भौंके जा रहा था। मुल्ला से जब रहा नहीं गया तो उन्होंने गुस्से में उसे मारने के लिए एक पत्थर उठाना चाहा, पर वह पत्थर टस से मस नहीं हुआ। होता भी कैसे जमीन में जो धंसा था।

अब मुल्ला झुंझलाए और आगे बढ़ चले—''क्या अजीब शहर है, यहां कुत्ते आजादी से भौंक रहे हैं और पत्थरों को जमीन में जमा दिया।''

ये क्या बात

उस दिन लोग बड़े ताज्जुब से मुल्ला की ओर देख रहे थे जो कभी पाजामा, पगड़ी तो कभी लबादा संभाले दौड़े जा रहे थे। दौड़ते-दौड़ते वह लोगों के पास पहुंचे और हांफते-हांफते कुछ कहने की कोशिश में थे कि एक ने पूछा—"मुल्ला सब खैरियत तो है।" मुल्ला ने छाती पर हाथ रखकर थोड़ा सुस्ताते हुए कहा—"तुम मानो चाहे मत मानो लेकिन बहुत अच्छी खबर है।" "हुआ क्या" लोग एक साथ बोल पड़े। "आज मैं बादशाह

से मिला, उन्होंने मुझसे बात भी की" मुल्ला ने कहा। लोग बोले—"यह तो बहुत अच्छा हुआ। बहुत फक्र की बात है, पर उन्होंने बात क्या की?" मुल्ला ने बताया—"बादशाह हुजूर बहुत जल्दी में थे इसलिए उन्होंने देर तक बात नहीं की पर यह जरूर कहा कि मेरे रास्ते से हट जाओ बेवकूफ।"

गधे की पूंछ

मुल्ला नसरुद्दीन के पास एक छोटा गधा भी था, था बड़ा प्यारा! सभी का लाडला, पर न जाने क्यों मुल्ला ने फैसला कर लिया कि मुझे तो इसे बेचना है, बस!

मुल्ला उस छोटे गधे की काठी पकड़े उसे बुखारा के बाजार में बेचने चल दिए। रास्ते में जो भी उस गधे को देखता, देखता ही रह जाता—"कितना प्यारा गधा!" चौंककर मुल्ला कभी खुद को देखते तो कभी गधे को। फिर समझ में आता कि वाकई लोग गधे की ही तारीफ कर रहे हैं।

रास्ते में मिलने वाला हर शख्स मुल्ला से एक ही सवाल करता—"इतने प्यारे गधे को लेकर कहां जा रहे हो।" मुल्ला भी जवाब दे-देकर थके जा रहे कि—"बाजार जा रहा हूं, इसे बेचने।" अब लोग सलाह दे रहे—"गधा तो वाकई अच्छा है, इसे बेचने में तुम्हें कोई मुश्किल नहीं होगी, बस इसकी पूंछ जरा छोटी है।" लोग सलाह के साथ ताने दिए जा रहे।

मुल्ला ने भी सोचा गधा तो प्यारा है पर इसमें एक ही ऐब जान पड़ता है पूंछ का, तो क्यों न इसे काट दिया जाए। बस यह खयाल आते ही उन्होंने उस्तरे से उसकी पूंछ ही काट दी। कटी पूंछ को उन्होंने गधे पर लदे थैले में डाल दिया और बाजार जा पहुंचे। बाजार में लोग गधे को निहार रहे, तारीफ कर रहे पर खरीद फिर भी नहीं रहे। मुल्ला को भी हैरत हो रही थी। जैसे-तैसे कुछ लोग उसे खरीदने आए पर कहने लगे—"वाकई बहुत सुंदर गधा है पर काश! इसकी पूंछ भी होती" यह सुनते ही मुल्ला ने कहा—"अगर इसकी पूंछ होती तो क्या तुम खरीदते।" लोग बोले—"फिर क्या एतराज।" यह सुनते ही मुल्ला बोले—"ठीक है, तो सौदा पक्का हुआ। रही बात पूंछ की तो बेफिक्र रहो, वह थैले में रखी है।"

कौन प्यारी

शौकीन तबीयत के थे मुल्ला नसरुद्दीन। अगर गधे को पाल सकते, प्यार दे सकते तो बीवियों को क्यों नहीं। उन्होंने दो शादी की। दोनों बेगमें अकसर झगड़तीं कि उनका शौहर किसे ज्यादा चाहता है। मुल्ला भी पसोपेश में रहते और किसी तरह दोनों को बेवकूफ बनाकर फसाद निपटा देते, पर उस दिन तो वह फंस गए!

मुल्ला घूम-फिर कर लौटे तो देखा कि दोनों बेगमें झगड़ रही हैं। झगड़ा भी गैर मामूली बात पर था जिसका फैसला खुद मुल्ला को करना था। लड़ाई की वजह थी कि मुल्ला किसे ज्यादा मोहब्बत करते हैं। बड़ी बेगम को जो पुरानी हो चली थीं या छोटी बेगम को जो अभी थोड़ी बहुत ही नई थीं।

मामला सुलटाने के लिए पहले तो मुल्ला ने कहा—"मैं तो दोनों को ही बराबर चाहता हूं।" पर बात नहीं बनी, फैसला बराबर का नहीं, कम या ज्यादा का जो होना था। तभी बड़ी बेगम बोली कि—"मान लो एक नाव में हम तीनों सवार हों और नाव डूबने लगे तो तुम पहले किसे बचाओगे?" मुल्ला ने जवाब दिया—"मेरी बड़ी बेगम तुम तो तैरना जानती हो, इसलिए तुम्हें नहीं बचाऊंगा।"

फिर झगड़ा

मुल्ला नसरुद्दीन जब-तब अपनी दोनों बीवियों का झगड़ा शांत कराते रहते, पर जब किसी की बीवी ही दो हों तो क्या कभी झगड़ा खत्म हो सकता है?

उस दिन दोनों बेगमों में फिर जंग हो गई। जुबानें चलीं तो ऐसे जैसे नश्तर-खंजर खनक रहे हों। घबराए मुल्ला ने पूछा—"आखिर बात क्या है?" बेगमें बोलीं—"बताओ आप किसे ज्यादा प्यार करते हो?" मुल्ला ने कहा—"दोनों को ही।" पर वह कहां मानने वाली थीं। जंग फिर चालू, तू-तू—मैं-मैं। मुल्ला ने कहा ऐसे काम नहीं चलेगा। उन्होंने एक तरकीब सोची और पहले बड़ी बेगम को कमरे में बुलाया और उसे एक नीला मोती देकर कहा—"मैं तुम्हें ज्यादा प्यार करता हूं। तुम इस तोहफे को छिपाकर रखना, किसी को मत देना।" मौका देखकर उन्होंने छोटी बेगम को भी उसी तरह एक नीला मोती तोहफे में दिया और कहा—"इस तोहफे को छिपाकर रखना। मैं तो तुम्हें ही ज्यादा प्यार करता हूं।"

बात यहीं खत्म नहीं हुई। बेगमें फिर झगड़ पड़ीं। वे पूछ रही थीं कि—"किसे ज्यादा चाहते हो?" मुल्ला ने कहा—"जिसे मैंने नीला मोती दिया है, उसे मैं ज्यादा चाहता हूं।" बस फिर यह झगड़ा खत्म हो गया।

खौफनाक जगह

मुल्ला भी कमाल के ही शख्स हैं। हर बात का इल्म, हर चीज़ की मालुमात, उनसे भला किसे? लोग-बाग जहां की नहीं जानते, मियां नसरुद्दीन वहां की भी जानते हैं और वह भी बहुत खूबी के साथ।

एक मेहमान यह सोचकर मुल्ला के घर चला आया कि देखें जैसा सुना था वैसा कुछ है भी कि नहीं? मुल्ला नसरुद्दीन क्या वाकई अकलमंद हैं या मंदअकल इनसान। यह परखने के लिए उसने पूछा—"मुल्ला, क्या तुम उस जगह के बारे में बता सकते हो जिस जगह से अपन लोग आते हैं और मर कर जाते भी हैं।"

मुल्ला ने कहा—"वह जगह बहुत खौफनाक है। उसके बारे में तुम्हें और क्या बताऊं? बस, यह तो मानो ही कि वह खौफनाक है।"

मेहमान ने ताज्जुब से पूछा—"तुम्हें कैसे पता कि वह जगह खौफनाक ही है?"

मुल्ला ने कहा—"खौफनाक ही है, देखो जब अपन वहां से आते हैं तो रोते हुए आते हैं। और जब कोई मरकर जाता है तो सब लोग सीना पीट-पीटकर रोते हैं।"

मैं कौन हूं

नसरुद्दीन को जब भी लंबा सफर करना पड़ा, उन्होंने किया और वह भी पूरे एतमाद के साथ। हर सफर की कामयाबी के पीछे उनकी सतर्कता रहती थी, फिर भी कारगुजारी करने वाले खुरापाती उन्हें मिल ही जाते थे।

एक लंबी यात्रा में उन्होंने रात एक सराय में गुजारी। सराय के बड़े से बरामदे में उन्हें जहां पलंग मिला वहां और भी बहुत से पलंग थे। अब मुल्ला के दिमाग में यह शंका भर गई कि कहीं ऐसा न हो कि इतनी बड़ी सराय, इतने बड़े कमरे, इतने सारे पलंग और इतने लोगों के बीच मैं यह न भूल जाऊं कि मैं कौन हूं? कहां हूं? यह सोचकर उन्हें एक फितूर सूझ ही गया। तरकीब निकालने में तो वे माहिर थे ही। उन्होंने शिनाख्त कायम रखने के लिए एक फूला हुआ गुब्बारा पलंग से बांध लिया।

मुल्ला के बराबर पर पलंग वाला एक आदमी मुल्ला की उधेड़-बुन और गुब्बारे वाली हरकत देख रहा था। उसे भी मजाक सूझा, जब मुल्ला नसरुद्दीन गहरी नींद में खो गए तो उस नामालूम आदमी ने उनके पलंग से गुब्बारा निकाला और अपने पलंग से बांध लिया। सुबह मुर्गे की बांग के साथ जागे मुल्ला यह देखकर हैरान रह गए कि गुब्बारा उनके नहीं बगल वाले के पलंग से बंधा है। तभी वह आदमी भी जाग गया और आंख मलते हुए बोला—"मैं जान गया, तुम जरूर मुल्ला नसरुद्दीन हो, पर यह बताओ कि मैं कौन हूं?"

मुफ्त की रोटी

बेगम के ताने सुन-सुनकर मुल्ला यह तय कर के चल दिए कि आज तो नानबाई की दुकान पर से ही रोटियां खरीदूंगा। जब मुल्ला वहां पहुंचे तो उन्होंने देखा कि दुकान पर लंबी कतार लगी है। मुल्ला ने सोचा कि अगर कोई तरकीब नहीं भिड़ाई तो यहां रोटी खरीदने में घंटों लग जाएंगे।

अचानक कतार में खड़े लोगों से मुल्ला ने कहना शुरू कर दिया—"अरे, तुम लोग यहां रोटी खरीद रहे हो, पता नहीं कि आज शहजादी की पैदाइशी तारीख होने से सुल्तान महल में मुफ्त रोटी बंटवा रहे हैं।" यह सुनते ही भीड़ उलटे पांव महल की ओर दौड़ पड़ी। कतार अब थी नहीं, थे तो सिर्फ मुल्ला जो बड़े

इठलाते से पहुंचे नानबाई के पास। रोटी खरीदने में अब भला कैसी देरी। मुल्ला ने भी जेब में हाथ डालकर पैसा निकालना चाहा, पर यह क्या? उनका मन तो कुछ और हो गया। मुल्ला ने सोचा—''मैं भी कैसा मूर्ख हूं? सबको तो मुफ्त में रोटी लेने भेज दिया और खुद रोटी खरीद रहा हूं।'' यह सोचकर वह भी मुफ्त की रोटी खाने-पाने चल दिए महल की ओर। मुल्ला का अंदाजा था कि रोटी मुफ्त मिल ही गई होगी!

पर यह क्या? लौटती भीड़ की आंखों के शोले और दांत पीसते चेहरे देख वह समझ गए कि उनका फरेब काम नहीं आ सका है। अब बारी लोगों की थी। थोड़ी देर बाद मुल्ला बुखारा की खाली सड़क पर लंगड़ाते और पिटाई से नीले-काले हुए चले जा रहे थे।

बेमौके के ढोल

न तो कोई ईद थी न कोई ऐसी खुशी का मौका कि ढोल पीटा जाए, पर मुल्ला के हाथ थे कि रोके नहीं रुक रहे। दिए जा रहे थापें। उनके ढोल की बे-मौकाई आवाज ने पड़ोसियों को भुन्ना दिया। एक पड़ोसी जो जानता था कि मुल्ला ढोल अच्छा बजाता आया है, पर इस समय क्यों बजा रहा है? यह जानने उन तक आया। घरों से और लोग भी जानना चाहते थे कि वहां आखिर हो क्या रहा है?

पड़ोसी ने कहा—''तुम बिना मौके पागलों की तरह ढोल क्यों पीटे जा रहे हो?''

मुल्ला ने कहा—''मैं जंगली शेरों को दीवार के दूसरी तरफ ही रहने देना चाहता हूं, इसलिए ढोल बजा रहा हूं।''

पड़ोसी ने फिर पूछा—''पर मुल्ला अपने इलाके में तो दूर-दूर तक कोई शेर है ही नहीं।''

मुस्कान लिए मुल्ला ने कहा—''इससे क्या? कोई भी काम अच्छे से करना आना चाहिए, है न!''

तरीका तो बचा

उस दिन मुल्ला के ठहाके बंद नहीं हो रहे थे। बत्तीसी निकाल-निकाल कर हंसे जा रहे। ज्यादा देर तक हंसी कायम देख बेगम ने पूछा—"क्यों हंसे जा रहे हो, क्या बात है?" मुल्ला ने इसकी वजह बताई—"मैंने बाजार से एक मेमने की अच्छी-सी टांग खरीदी। जब उसे लेकर घर आ रहा था तो रास्ते में एक दोस्त मिला। उसने मुझे चलते-चलते मेमने की टांग पकाने की अच्छी और जायकेदार विधि लिखा दी। क्या बताऊं बेगम, यह तरीका लिए जब मैं खुशी-खुशी लौट रहा था तभी कहीं से एक कंबख्त कौवा उड़ता हुआ आया और हाथ से टांग छीनकर उड़ गया।"

यह सुनकर बेगम बोली—"पर इसमें इतना हंसने की क्या बात है?" मुल्ला ने कहा—"तुम तो मूर्ख हो। मेरे एक हाथ में मेमने की टांग और दूसरे में उसे बनाने की विधि थी, कौवा टांग तो ले गया पर विधि तो छोड़ गया जो अब भी मेरे पास है।"

आदमी की औकात

मुल्ला नसरुद्दीन को यह इल्म तब हुआ, जब वह एक दावत में गए। वहां उन्हें पता चला कि वाकई कपड़े की बखत आदमी

से ज्यादा है और उसमें भी कीमती कपड़ा तो अच्छे-खासे आदमी से ज्यादा ही होती है।

एक अमीर आदमी ने मुल्ला को दिली तौर पर अपनी शाही दावत में बुलाया। मुल्ला गए भी पर चलताऊ कपड़ों में, सो वहां खड़े दरबानों ने उन्हें पकड़कर नौकरों वाली जगह खड़ा कर बचा-खुचा खाना परोस दिया। गलती दरबानों की नहीं थी, थी तो मुल्ला नसरुद्दीन की जो अमीर की दावत में भी सलीके के कपड़े पहनकर नहीं आ सके।

कुछ दिन बाद मुल्ला को फिर अमीर की दावत का बुलावा आया। इस बार उन्होंने कोई गलती नहीं की। वह बड़ी अच्छी तरह से सजे-संवरे, शानदार शेरवानी पहनी और पहुंच गए मेजबान के यहां। उनके पहुंचते ही वहां खड़े नौकरों ने उन्हें झुक कर आदाब अर्ज किया और बड़े अदब से ले गए खासमखास लोगों की जमात में। नौकर जान रहे थे कि यह शायद कोई दरबारी है।

मेजबान के पास बैठे मुल्ला को बढ़िया मांस, फल और खुशबूदार बिरयानी परोसी जा रही थी। मिठाइयां थीं सो अलग। मुल्ला ने इतना होने पर भी एक-दो कौर खाए और बाकी खाना अपनी जेबों और आस्तीनों में भरना शुरू कर दिया।

मुल्ला का यह काम देखकर पास बैठे अमीर ने पूछा—"तुम खाना अपने कपड़ों में क्यों भर रहे हो।" मुल्ला ने कहा—"मैं अपने कपड़ों को अच्छा खाना खिला रहा हूं, क्योंकि मुझसे ज्यादा इस खाने के वे ही हकदार हैं। रही बात मेरी तो मुझे अपनी औकात तो पिछली दावत के वक्त ही पता चल गई थी।"

नसीब अपना

मुल्ला नसरुद्दीन की काबिलीयत कम नहीं थी, लिहाजा जहांपनाह ने उन्हें इनाम में जमीन का एक टुकड़ा खेती के लिए दे डाला। तकदीर अच्छी थी। खेती चमक गई। मुल्ला को उससे खूब आमद हो रही थी पर यह देख-देख एक दरबारी उनसे जलने

लगा। जलेपन में उसने जहांपनाह के कान भरना शुरू कर दिया कि—"हुजूर, आपकी दी जमीन से मुल्ला खूब मुनाफा कमा रहा है। आप उसे हुकुम दें कि वह आधी फसल दरबार वालों को दिया करे।" जहांपनाह को यह बात जंच गई। उन्होंने एक हुकुम जारी कर आधा हिस्सा देने को कह दिया।

मुल्ला जानते थे कि जहांपनाह का हुकुम टाला नहीं जा सकता, फिर भी उन्होंने जहांपनाह से पूछ लिया कि दरबारी को कौन-सी जमीन से फसल देना है? उस जगह से जो ऊंची है या उस जगह की जो नीचे हैं। मौका देख दरबारी फौरन बोल पड़ा—"मुझे तो ऊपर वाली जमीन की ही फसल चाहिए।" मुल्ला ने रजामंदी में सिर हिलाया और खेती करने चल दिए।

छह महीने बाद दरबारी अपना हिस्सा लेने मुल्ला के खेत पर जा पहुंचा। मुल्ला ने कहा—"जाओ खलिहान देख लो और अपना हिस्सा ले जाओ।" दरबारी उछलता हुआ खलिहान पहुंचा तो उसे वहां कुछ जंगली पौधे और पत्तियां ही मिलीं। दरबारी ने कहा—"वहां बीज तो है नहीं, पत्तियां ही पत्तियां हैं। मैं इनका क्या करूंगा?"

मुल्ला ने उसे याद दिलाया—"मैंने तो तुमसे पहले ही पूछ लिया था कि तुम्हें जमीन के कौन से हिस्से की फसल चाहिए।

ऊपर या नीचे की। जमीन के ऊपरी हिस्से को तो तुम्हीं ने चुना था और मैंने इस बार गाजर बोई थी इसलिए तुम्हें तो उसके ऊपर के पत्ते ही मिलेंगे, क्योंकि वो तो जमीन के ऊपर जो लगे हैं?''

तोहफे में महल

क्या नहीं कर सकते मुल्ला नसरुद्दीन? शायद सब कुछ। जिंदगी भर वह काम ही तो करते आए। कभी ये कभी वो। जब भी वह एक काम से ऊब जाते तो दूसरा शुरू कर देते। दूसरे के बाद तीसरा, फिर कोई और, फिर कोई और। यह सिलसिला चलता ही रहता।

इस बार फिर मुल्ला अपनी जिंदगी को बेहतर बनाने की खातिर संगतराश बन गए। जिंदगी के फलसफे उनका हुनर और बढ़ा रहे थे। कितनी ही जगह उनके काम की तारीफ हो रही थी। ऐसी संगतराशी पहले कभी बुखारा में शायद ही दिखी हो! संगतराश मुल्ला की मकबूलियत जानकर सुल्तान ने उसे अपने पास बुलाया और कहा—''तुम्हारा तो बड़ा नाम है, मैं तुम्हारी कारीगरी का कायल हूं और चाहता हूं कि तुम मेरे लिए कुछ महल, हरम वगैरह बनाओ।''

सुल्तान का कहा कैसे टलता, बेमन से ही सही मुल्ला को यह काम करके देना पड़ा। काम तो बेजोड़ था पर इधर मुल्ला का मन उचट चला था। वह इस पेशे को ही छोड़ने का मन बना चुके थे।

मुल्ला ने अपनी मंशा सुल्तान को बताई तो वह राजी नहीं हुआ। सुल्तान उसकी कारीगरी से बेहद खुश था। जब मुल्ला ज्यादा पीछे पड़े तो उसे कहना पड़ा—''ठीक है, छोड़ देना पर इससे पहले तुम मुझे एक आखिरी महल बनाकर दोगे। इसके लिए पैसे की कोई कमी नहीं है। तुम अच्छे से अच्छा माल लगाना।''

मुल्ला काम जल्दी खत्म करने के मूड में थे सो उन्होंने पहले एक साल और फिर एक महीने में ही इसे पूरा करने का

इरादा किया। इतना ही नहीं, वह काम में नकलीपन और सस्ते माल लगाने से भी बाज नहीं आए। ऐसा वह यह सोचकर किए जा रहे थे कि यह सब उनके अलावा और कौन जान सकता है। इससे वक्त की भी बचत हो रही थी।

जब सुल्तान यह महल देखने आया तो बहुत खुश था। उधर मन ही मन मुल्ला भी खुश था कि मेरे अलावा और कोई इसके घटियापन के बारे में नहीं जानता। सुल्तान ने मुल्ला की बहुत तारीफ की और आखिर में कहा—"मैं तुम्हारी मेहनत से खुश हूं, इसलिए यह महल तोहफे के रूप में तुम्हें ही देता हूं।" यह सुनकर मुल्ला खामोश रह गए।

ये तो अच्छा हुआ कि....

सुल्तान से तोहफे में मिली जमीन से मुल्ला खूब फायदा उठाए जा रहे थे। पिछली दफे उन्होंने खजूर लगाए और अच्छी आमद पर टोकरी भरकर सुल्तान को तोहफे में दी। उन्हें खाकर सुल्तान बेहद खुश रहा कि मुल्ला ने जमीन और सुल्तान दोनों का अच्छा खयाल रखा है। मीठे खजूर खाकर सुल्तान बड़ा खुश हुआ था।

इस बार मुल्ला नसरुद्दीन ने खजूर नहीं तरबूज बोए। फसल अच्छी आई तो उन्होंने सोचा कि क्यों न सुल्तान के यहां बोरा भरकर तरबूज दे आऊं। जब वह बोरा उठाए जा रहे थे तो रास्ते में उन्हें अपना पुराना हमदर्द दोस्त मिल गया जो कभी-कभार ही उन्हें कोई नेक सलाह दे दिया करता था।

दोस्त ने पूछा—"कहां जा रहे हो? यह बोरी भरे तरबूज लेकर।"

मुल्ला ने कहा—"सुल्तान को तोहफे में देने जा रहा हूं।"

दोस्त बोला—"तुम मूर्ख हो! भला सुल्तान इतने सारे तरबूजों का क्या करेगा? फिर तरबूज भी कोई तोहफे में देने की चीज है। अरे तुम तोहफा देना ही चाहते हो तो कोई अच्छी चीज दो। क्यों नहीं लाल फूल दे देते।"

मुल्ला ने सोचा दोस्त सही कह रहा है, वाकई फूल अच्छा तोहफा साबित होंगे? उन्होंने फूलों का गुच्छा तैयार कराया और लेकर पहुंच गए सुल्तान के दरबार में।

यह मुल्ला की बदनसीबी ही थी कि उस वक्त सुल्तान का दिमाग ठीक नहीं था। वह किसी बात से बेगम पर भड़क तो रहे थे पर अपना गुस्सा नहीं उतार पा रहे थे। तभी उनकी नजर मुल्ला के गुलदस्ते पर पड़ी और उन्होंने फूल छीनकर उसी के मुंह पर दे मारे।

सुल्तान का मिजाज भांपते हुए मुल्ला ने अब वहां से चुपचाप खिसकने में ही खैरियत समझी। रास्ते भर वह अपनी तकदीर का शुक्रिया अदा किए जा रहे थे। मुल्ला सितारों की ओर हाथ उठा-उठा कर कहे जा रहे थे—"वो तो अच्छा हुआ जो रास्ते में दोस्त मिल गया और उसने तोहफे में फूल देने की सलाह दे डाली। अगर उसकी न मानकर मैं बोरी भरे तरबूज ले जाता तो वह सब मेरे मुंह पर पड़ते, मैं तो मर ही जाता।"

पैर जो जला है

तर्क गढ़ने और बात टालने में मुल्ला की कभी कोई सानी नहीं रही। अगर उन्हें कोई काम करना है तो वह कैसे भी करेंगे ही और अगर नहीं करना तो फिर बहानों की उन्हें क्या कमी?

एक गरीब अनपढ़ उनका वक्त जाया करने आ गया। वह चाहता था मुल्ला उनके लिए एक खत लिखें जो वह अपने भाई के पास भेजने की चाह में था। उसकी फरमाइश सुनकर मुल्ला ने कहा—"यह तो नामुमकिन है, तुम देख रहे हो मेरा पांव जला हुआ है।"

गरीब आदमी को हैरत हुई कि यह क्या बात! उसने मुल्ला के लिए खुदा से खैरियत मांगते हुए पूछा कि—"जले हुए पैर का भला मेरे खत से क्या ताल्लुक। चिट्ठी तो हाथ से लिखी जाती है। मैं तो तुम्हारा मतलब समझ नहीं पा रहा हूं।"

मुल्ला ने कहा—"मेरे कहे का बहुत बड़ा मतलब है, अगर तुम उसे समझ सको तो समझो। बुखारा में सबको पता है कि मेरी लिखावट इतनी खराब है कि मेरा लिखा सिर्फ मैं ही समझ पाता हूं और कोई नहीं। अगर मैं तुम्हारे भाई को खत लिखूंगा तो वह पढ़ नहीं पाएगा। खत में क्या लिखा है यह पढ़कर सुनाने मुझे उसके गांव जाना पड़ेगा और तुम तो देख ही रहे हो पैर जलने से मैं कहीं भी जाने से लाचार हूं। इसलिए तुम किसी और को ढूंढ़कर उससे खत लिखा लो।"

भालू का शिकार

बुखारा में बादशाह को यह बात अच्छी तरह जमा दी गई कि मुल्ला बड़ा डरपोक आदमी है। उसे भालू के शिकार से डर लगता है जो बुखारा के लिए शान के खिलाफ है। बस फिर क्या! बादशाह ने फरमान जारी करा दिया कि मुल्ला नसरुद्दीन को शाही लश्कर के साथ भालू के शिकार पर जाना है।

बादशाह के हुक्म की तामील तो होनी ही थी। बेमन से मुल्ला चल पड़े। उन्हें न तो भालुओं से कभी कोई मुहब्बत रही, न ही कभी इतनी रंजिश कि उनका शिकार किया जाए।

जब शिकार से सब लौटे तो लोग मुल्ला से पूछने दौड़े—''मुल्ला खुश दिख रहे हो? कैसा रहा शिकार? लगता है तुमने बहुत सारे भालू मार गिराए हैं?''

मुल्ला ने कहा—''एक भी नहीं।'' भीड़ में से एक फिर बोला—''कितने भालू पकड़े?''

मुल्ला ने कहा—''एक भी नहीं।'' एक बूढ़ा पूछने लगा—''तुम सबको कितने भालू मिले?''

मुल्ला ने फिर कहा—''एक भी नहीं।'' एक ने ताज्जुब से पूछा—''फिर तुम कैसे कह सकते हो कि तुम्हारा दौरा-ए-शिकार अच्छा रहा? जब तुम्हें एक भी भालू नहीं मिला।''

मुल्ला ने कहा—''हां, सबसे अच्छी बात तो यह रही कि जंगल में एक भी भालू जो नहीं था।''

झगड़ालू औरतें

उन्हें न तो अपनी उम्र का ही कोई लिहाज था न ही जगह का, बस लड़े जा रहीं। घोड़ागाड़ी में दो बूढ़ी औरतों के साथ एक बेचारा जवान आदमी अपना पूरा सफर सत्यानाश होते देख रहा था। आदमी चाह रहा था कि वे औरतें उससे अच्छी-भली बातें करें और वह खुद खिड़की के बाहर ताक-झांक कर कुदरत के नजारों का लुत्फ ले। लेकिन दोनों औरतों के झगड़े में वह न बाहर देख पा रहा न सो पा रहा।

सफर के दौरान रास्ते में मुल्ला नसरुद्दीन का घर भी पड़ता था। उनकी शोहरत से कौन वाकिफ नहीं था। आदमी ने सोचा क्यों न इस मसले को सुलटाने में मुल्ला की मदद ली जाए। यह सोचकर उसने मुल्ला के दरवाजे पर थोड़ी देर गाड़ी रुकवाई और दौड़ा-दौड़ा जा पहुंचा मुल्ला के पास। उसने उन्हें बताया कि—"एक बूढ़ी औरत अस्थमा की मरीज है और खिड़की बंद रखना चाहती है पर दूसरी को सांस लेने में तकलीफ है, वह खिड़की खुली रखना चाहती है। खिड़की बंद रहती है तो अस्थमा वाली तो बची रहेगी पर बीमार वाली मर जाएगी। अगर खिड़की खुली रही तो दूसरी तो बच जाएगी पर अस्थमा की बीमार चल बसेगी। खिड़की खुली रखी जाए या बंद इसी बात पर वह दोनों पूरे रास्ते झगड़-झगड़ कर सफर का मजा ही किरकिरा किए दे रही हैं। अब आप ही बताएं मैं क्या करूं? मैं तो इस खिड़की से तंग आ गया।"

मुल्ला थोड़ी देर यह सुनकर सोचते रहे फिर बोले—"मामला है तो पेचीदा पर इतना भी नहीं कि पूरे सफर का मजा ही किरकिरा करना पड़े। तुम एक घंटे खिड़की खुली रखना जिससे शर्तिया तौर पर अस्थमा वाली औरत मर जाए, फिर एक घंटे खिड़की बंद रखना इससे दूसरी बीमार भी खुदा को प्यारी हो जाए। इसके बाद तुम सकून के साथ इस सफर का मजा लो और खिड़की के बाहर देखो।"

झगड़ते रहना चाहिए

दुनिया के सारे अच्छे झगड़ालू जोड़ों की तरह मुल्ला और उनकी बेगम भी एक दिन जमकर झगड़ पड़े। बेगम के तेवर ज्यादा ही तीखे रहे। उसने मुल्ला का घर छोड़ उनके अजीज दोस्त के घर का रास्ता पकड़ा, मुल्ला भी पीछे दौड़े आए।

दोस्त का मिजाज भी उस वक्त ठीक नहीं था। घर पर शादी का दौर चल रहा था। ऐसे में वह कैसे मुल्ला और उसकी बीवी का मामला सुलझाता। उसने नौकर को कहा कि फिलहाल दोनों को खाना खिलाए।

खाना जायकेदार था। मुल्ला और बीवी खाते-खाते अपना झगड़ा भूलने लगे। जितना खाते उतना ही उनका मसला ठीक होता गया। आखिर में वह दोस्त का शुक्रिया अदा कर इस वायदे के साथ घर को लौट पड़े कि—"दोस्तों की खातिर हमें इसी तरह आगे भी झगड़ते रहना चाहिए।"

अपशकुनी कौन

बुखारा का बादशाह शेरों के शिकार पर जाना चाह रहा था, पर उसके पहले किसी ने खुरापात कर दी। कह दिया कि रास्ते में शेर से पहले मुल्ला नसरुद्दीन मिल गया तो बड़ा गजब हो जाएगा, यही समझो अपशकुन होगा।

बादशाह खुन्नस खा गया, उसने हुक्म दे दिया—पहले मुल्ला को पकड़ो और दुरुस्त कर दो जिससे वह आगे शिकार के रास्ते में आने की कोशिश न करे। सिपाहियों ने ऐसा ही किया। मुल्ला का हुलिया सुधारने गए तो चार, पर दो ही बहुत साबित हुए। अधमरी हालत में घर छुड़वाकर बादशाह शिकार को चला गया।

तकदीर अच्छी थी बादशाह ने छह में से पांच शेर ढेर किए। लौटते समय बादशाह ने विचार किया—मुल्ला मिला भी, पिटा भी पर शेर भी मिले और मरे। इसका मतलब है मुल्ला तो मेरे लिए तकदीर वाला साबित हुआ। मुल्ला का तो शुक्रिया

अदा करना चाहिए। यह सोचकर उसने अगले दिन मुल्ला को दरबार में हाजिर होने का न्योता भेजा।

मुल्ला के आने पर बादशाह ने उसे सारा माजरा समझाते हुए पिटाई की भी वजह बताई और बताया वह कितनी अच्छी तकदीर वाला है कि उसके कारण पांच शेर मारे गए।

यह सुनकर कराहते हुए मुल्ला ने कहा—"बादशाह मैं तो आपके लिए तकदीर वाला रहा पर मैंने आपको देखा और पीटा गया, अब आप ही बताएं कौन किसके लिए अपशकुनी रहा?"

अहसान बराबर

मुल्ला पर किसी का एहसान हो जाए और वह सूद समेत उसे उतारे नहीं यह कैसे! मुल्ला का तो उसूल ही है अहसान करते रहो। अगर एकाध अहसान हो भी जाए खुद पर तो तब तक खामोश मत बैठो जब तक वह चुक न जाए।

एक पुल से गुजरते वक्त उनका पैर फिसला और पानी में जा गिरे। यह तो खुदा का शुक्र था कि उनका दोस्त मौके पर था जो उन्हें देख पानी में कूद पड़ा।

यह वाकया न उनका दोस्त भूल पा रहा था न मुल्ला खुद। वह सोचते कि कैसे यह अहसान उतारूं, क्योंकि दोस्त भी कम कंबख्त नहीं था, जब-तब मुल्ला को याद दिला ही देता कि कैसे वह उन्हें बचाने के लिए भीग गया था।

एक दिन मुल्ला हिसाब के मूड में उसे लेकर फिर वहीं पुल पर पहुंचे और पानी में उतर कर चिल्लाने लगे—"मैं पूरा गीला हो गया हूं...और इस तरह तुम्हारा अहसान हुआ बराबर।"

रहस्यमय गाजर

बादशाह को यह इल्म हुआ कि मगरिब का एक मुल्क और वहां के वाशिन्दे कुछ ज्यादा ही होशियार हैं। इसकी वजह जानने के लिए वह मुल्ला को कुछ दिन के लिए वहां भेजता है। तफरी और मेहमानी के बाद वापस आकर वह बादशाह को एक पुर्जा भिजवा देता है जिसमें उस मुल्क के रहस्यों की फेहरिस्त के नाम पर सिर्फ एक नाम लिखा होता है 'गाजर।'

मुल्ला की बात बादशाह की समझ से बाहर थी लिहाजा उसने तुरंत मुल्ला को दरबार बुला भेजा। मुल्ला के आते ही बादशाह ने उससे पूछा 'गाजर' का क्या मतलब? मुल्ला ने उसे समझाया—"वहां की होशियारी का राज गाजर ही है जो जमीन

में गड़ी रहती है। अच्छा किसान वही है जो उसकी पत्तियों का रंग देखकर मिट्टी के अंदर की बात जान लेता है। अंदर का हाल जानने के लिए बहुत मेहनत लगती है, नहीं तो सारे पर पानी फिर जाता है। बिना मेहनत के तो गधे भी बता देते हैं कि अंदर क्या है?'' गाजर के नाम पर मुल्ला ने बादशाह को खूब बेवकूफ बनाया और वह संजीदगी के साथ बनता रहा।

मुल्ला का कोट

उस शाम मुल्ला के बचपन का यार कलीमुद्दीन आ गया। उस वक्त मुल्ला दूसरे दोस्त और नातेदारों के यहां मिलने जा रहे थे। उन्होंने कलीमुद्दीन को भी साथ चलने को कहा। कलीमुद्दीन ने कहा—''मैं चल तो सकता था पर इस सर्दी में मेरे पास ढंग का कोट नहीं है। अगर तुम अपना कोट दे सको तो....।'' मुल्ला को कोट देना पड़ा।

मुल्ला को उसका कोट मांगना और उससे कई गुना ज्यादा कोट देना कतई अच्छा नहीं लगा। बेमन से वह दोस्त को लेकर एक जगह पहुंचा, वहां कलीमुद्दीन की पहचान कराकर वह कहने लगा—''ये मेरे बचपन का दोस्त है, इत्तफाक से इसने मेरा कोट पहन रखा है।'' यह सुनकर कलीमुद्दीन का मन पानी-पानी हो गया। उसे शर्म महसूस हुई और गुस्सा भी आया। बाहर आकर उसने अपनी नाराजगी दिखाई—''तुम्हें यह बताने की क्या जरूरत पड़ी कि मैंने अपना नहीं तुम्हारा कोट पहना हुआ है। ऐसी बेहूदी बात दुबारा नहीं करना।''

मुल्ला ने भी ''तौबा'' की और अगले घर का रस्ता नापा। वहां भी मुल्ला बाज कहां आए, पहचान कराते-कराते बात ही बात में कहने लगे—''यह मेरा पुराना दोस्त है और इसने जो कोट पहन रखा है यह इसी का है, मेरा नहीं।''

यह सुनते ही कलीमुद्दीन का पारा चढ़ गया पर मेजबान के सामने वह खामोश रहा, लेकिन विदा लेते ही उसने मुल्ला पर अपना गुस्सा उड़ेल डाला—''तुम इस कोट को बीच में क्यों

ले आते हो? बगैर कोट के क्या तुम मेरी पहचान नहीं करा सकते?''

मुल्ला ने कहा—''अरे! मैं तो पिछले घर पर कही गलती सुधार रहा था।'' कलीमुद्दीन ने उसे फिर जमकर लताड़ा और चेताया कि आगे ऐसा न करे।

तीसरे घर फिर मुल्ला ने अपने दोस्त का परिचय कराते हुए कहा—''यह कलीमुद्दीन है मेरे बचपन का दोस्त। यह शाम को ही आया है पर इसने जो कोट पहन रखा है..... अरे.....कलीमुद्दीन, फिक्र मत करो मैं कोट के बारे में कुछ नहीं बता रहा।''

खैरात का हक

न चाहकर भी मुल्ला को यह दिन देखने पड़े। पड़ोसी से पैसे मांगने की जरूरत पड़ गई। वह भी बहाने के साथ।

मुल्ला ने पड़ोसी से कहा—''तुम मुझे कुछ पैसे खैरात में दे दो। मैं यह पैसा जरूरतमंदों के लिए जोड़ रहा हूं।'' पड़ोसी भी दरियादिल इनसान था, उसने देर नहीं की। खैरात देते हुए जब उसने जरूरतमंद का नाम जानना चाहा तो मुल्ला ने झट से

पैसे जेब में डाले और रफूचक्कर होते हुए कहा—''वो जरूरतमंद मैं ही हूं।''

दो महीने बाद फूटी तकदीर मुल्ला को फिर उसी पड़ोसी की चौखट पर ले आई। इस बार पड़ोसी आसानी से उसकी बात में फंसने वाला नहीं था, उसने कहा—''तुम मुझे दुबारा बेवकूफ नहीं बना सकते, तुम सिर्फ अपने लिए पैसे जोड़ते हो।''

मुल्ला ने सफाई दी—''मैं कसम खाकर कह रहा हूं, इस बार तो मैं कर्जा उतारने को मांग रहा हूं।'' पड़ोसी को उस पर रहम आ गया। उसने पैसे देते हुए कहा—''ऐसा फिर किसी के साथ मत करना।''

मुल्ला से चुप न रहा गया। वह बोल पड़ा—''तुमने मुझ जरूरतमंद को पैसे दिए हैं तो फिर मैं ऐसा किसी और के साथ क्यों करूंगा!''

जैसे को तैसा

वर्षों बाहर रहकर जब मुल्ला नसरुद्दीन अपने मुकाम बुखारा लौटे तो चकरा गए। नए अमीर के वफादार दरोगा और रंगरूट उसे लूट बैठे। कर उगाही के नाम पर अंटी-खीसे की सारी रकम कपड़ों से उलटा ली गई।

लुटी हालत में मुल्ला एक चाय की दुकान के बाहर खड़े सुस्ता रहे थे तभी उन्हें दरोगा आता दिखा। दरोगा के आते ही चाय की दुकान वाला उसकी मिजाजपुर्सी में जुट गया। उसे खास चाय पिलाने के लिए मसनद लगाकर बैठाया गया। यह नजारा देखकर मुल्ला मन मसोसकर रह गए.....''मेरी दौलत पर इतनी शान से ऐश कर रहा है।'' दरोगा का घोड़ा भी दुकान के बाहर पेड़ से बंधा सुस्ता रहा था। मुल्ला कभी दरोगा की तकदीर देखते तो कभी घोड़े को।

तभी उन्हें पीछे से किसी की आवाज सुनाई दी—''अरे सुन, हां तू ही।'' यह सुनकर मुल्ला पलटे तो देखा एक अमीर अपने गुलाम और चाकर के साथ घोड़ा गाड़ी में बैठा दिखा।

अमीर ने उन्हें बुलाकर कहां—"क्या यह घोड़ा बिकाऊ है?" मुल्ला ने जवाब दिया—"कौन घोड़ा बिकाऊ नहीं"। इस पर अमीर बोला—"फटी-पुरानी पोषाक में ऐसा शानदार घोड़ा तुम्हें नहीं जमता। लोग क्या कहेंगे! भिखमंगे पर इतना बेहतरीन घोड़ा कहां से आया?" मुल्ला ने कहा—"आका आप सही कह रहे हैं मैं तो गधे पर ही भला।"

अमीर ने उसे घोड़े के बदले तीन सौ चांदी के सिक्के की थैली पकड़ा दी। मुल्ला ने एक निगाह दुकान पर डाली। दरोगा खर्राटे ले रहा था, उसके साथ आए सिपाही भी नशे में थे। उसने सोचा इसके पहले कोई मक्खी दरोगा की नाक में घुसकर उसकी नींद तोड़े, यहां से भाग लेने में ही भलाई है। फिर दरोगा के घोड़े का तो सौदा हो ही चुका। हिसाब चुकता। इसके पहले कि अमीर का नौकर घोड़े की लगाम खींचकर लाता, मुल्ला ने अमीर की दरियादिली की तारीफ की और अपने गधे पर सवार हो लिए।

काफी दूर हिफाजत महसूस करते हुए जब मुल्ला ने दौड़ते गधे पर बैठे पलटकर देखा तो वह अपनी हंसी नहीं रोक पाए। घोड़े के दोनों मालिक अमीर और दरोगा एक-दूसरे की दाढ़ी नोंच रहे थे।

जूस का जूस

वो पुराना यार था जो एक दिन मुर्गी और उसका बच्चा लिए मुल्ला के यहां मेहमानी करने आ गया। दोस्त की खातिरदारी में मुल्ला ने बेगम से उस रात मुर्गी बनवाई और सुबह चूजे का शोरबा। दोस्त भी खा-पी कर तर हो गया और तहे दिल से शुक्रिया अदा कर चलता बना।

लेकिन यह क्या? दूसरे ही घंटे एक और शख्स आ धमका। उसने खुद को मुल्ला के दोस्त का दोस्त बताया। मुल्ला को उसकी भी खातिर करनी पड़ी, फिर मुर्गा भुनाया। दोस्त का दोस्त भी बड़ा पेटू निकला, पूरा मुर्गा डकार गया।

अभी थोड़ी देर ही हुई होगी कि फिर एक अजनबी ने दरवाजा बजाया। मुल्ला ने पूछा—"भई आप कौन!" अजनबी ने बताया—"मैं दोस्त के दोस्त का दोस्त हूं।" मुल्ला ने उससे गुजारिश की कि वह भी उसके यहां मेहमानी करे। उसकी खातिर में भी मुर्गा पका। अगले दिन वह भी शुक्रिया अदा कर चला गया।

सिलसिला यूं ही खत्म नहीं हो रहा था, फिर एक शख्स आ गया। कहने लगा मैं तुम्हारे उस दोस्त के दोस्त का दोस्त हूं जिसकी ओर से तुमने मुर्गा पकवाया था। मुल्ला ने उसे अंदर खाना खाने भेजा पर यह क्या? वह तुरंत वापस आ गया! गया तो खाने के लालच में था, वह भी मुर्गा पर इतनी जल्दी उठ आया!

हुआ यह था कि मुल्ला की बेगम ने उसके सामने शोरबे का कटोरा रख दिया। जब मेहमान ने उसे पिया तो उसमें न गोश्त, न टांग। उसने मुल्ला से पूछा—"यह तो सिर्फ उबले पानी सा है, इसमें तो कुछ भी नहीं!"

मुंल्ला ने कहा—"दरअसल, यह पहले मुर्गे के शोरबे के शोरबे का शोरबा है।" फिर कोई दोस्तों का दोस्त दुबारा नहीं आया, मुफ्त का मुर्गा खाने।

मूर्ख गधा

नसरुद्दीन का गधा कोई मामूली गधा नहीं था। उस पर संगत का असर था, अपने मालिक के साथ रह-रह कर वह भी थोड़ी बहुत अकल चलाने लगा।

चालाकी सीखते-सीखते गधा अब काम से जी चुराने लगा। एक दिन वह बेमन से पीठ पर नमक की बोरियां लादे चला जा रहा था। रास्ते में एक नदी पार करनी थी। मुल्ला तो आराम से निकल पड़े पर गधा लड़खड़ाने लगा। देर तक पानी में रहते हुए किसी तरह गधा जब किनारे लगा तो मन ही मन बहुत खुश हुआ। खुशी की वजह भी बाजिव थी। नमक पानी में काफी घुल जाने से गधे की पीठ का बोझा जो कम हो गया था। गधे ने इसे अपनी चालाकी समझा और मंद-मंद मुल्ला की ओर इतराकर देखा। मुल्ला उसकी बदमाशी समझ गए और उन्होंने गधे को सबक सिखाने की ठान ली।

अगले कुछ रोज बाद फिर गधे की पीठ पर बोरे लादे मुल्ला उसी नदी को पार करने चले। गधा खुश था कि चालाकी काम आ रही है। पीठ पर बोझा कम है तभी तो वह मुल्ला से दो कदम आगे ही चला जा रहा था। नदी आते ही गधा चालाकी

भरी हंसी के साथ उसे पार करने उतर गया। पानी में भीगता हुआ जब वह बाहर आया तो उसके पांव भारी बोझ से दबे जा रहे थे। गधा ताज्जुब में पड़ गया कि इस बार उलटा कैसे हो गया। गधे ने अपना रुआंसा चेहरा मुस्कराते मुल्ला की ओर घुमाकर माजरा समझना चाहा तभी मुल्ला बोल पड़े—"इस बार बोरी में मैंने रूई रखी थी जो पानी में भीगने से दुगुने वजन की हो गई। अबकी बार तुम मुझे 'गधा' नहीं बना पाए।"

मछली ने बचाई जान

वैसे तो खुद मुल्ला नसरुद्दीन कोई कम दुनियादार नहीं थे। होशियारी उनमें कूट-कूटकर भरी थी। फिर भी कुछ कसर महसूस होती थी सो वह हिंदुस्तान चले आए। यहां के बारे में उन्होंने बहुत सुन रखा था जैसे दूध और ज्ञान की नदियां यहां यूं ही बहती हैं, वगैरह-वगैरह।

मुल्ला ने एक तपस्वी के पांवों में जगह बना ली और उनसे दुनिया-जहां के सवालात किया करते। तपस्वी उन्हें निबटाते। एक बार बात रूह की चली। तपस्वी ने बताया कि सारे जीवों

में एक सी रूह रहती है इसलिए काम तो अच्छे करो जिससे अच्छा फल मिले, नेक जिंदगी मिले! यह सुनकर मुल्ला ने भी रजामंदी दिखाई और बताया कि—"तभी तो एक बार एक मछली ने मेरी जान बचाई थी?" तपस्वी ने कहा—"कैसे बचाई?" मुल्ला बोले—"एक बार मैं एक अनजाने जजीरे के तरफ भटक गया। मैं भूखा-प्यासा था। बेहाल था, मरने-सी हालत हो चली थी। अपनी जान बचाने मैं झील का पानी पीने झुका तो...." इससे पहले ही तपस्वी बोल उठे—"और तुम झील में गिर पड़े तब मछली ने तुम्हें डूबने से बचाया।"

"नहीं नहीं, ऐसा तो कुछ नहीं हुआ" मुल्ला ने कहा। "तो फिर?" तपस्वी बोले। मुल्ला ने बात पूरी की—"मैंने आराम से पानी पिया और वहां घूम रही एक मछली को पकड़ लिया, फिर उसे आग पर पकाया और खा लिया। वो मछली मेरे हाथ नहीं लगती तो बेशक! मैं भूख से मर गया होता।"

पत्थर का रसा

एकाएक सर्दियां और भी कड़ाके की हो गई थीं। सर्द थपेड़े नानी याद करा रहे थे। लोगों ने खाने-पीने की चीजें जमा कीं और घरों में बंद हो गए। ऐसे बुरे हालात में नसरुद्दीन की हालत भी खस्ता थी। वे उन दिनों बेघर और भूखे घूम रहे थे। जिसके दरवाजे की सांकल बजाते वही उन्हें बहानों के साथ टरका देता।

आखिर उन्होंने खुद ही भेजा चलाया और एक तरीका ईजाद कर डाला, वह था 'पत्थरों का रसा'। इसकी पहली आजमाइश उन्होंने एक अमीर के यहां करने की ठानी, क्योंकि मामूली लोग तो इसकी हैसियत के मुताबिक थे नहीं।

अमीर का दरवाजा बजाते हुए मुल्ला नसरुद्दीन ने कहा—"अल्लाह आपकी मदद करे" तभी अंदर से नौकर की आवाज आई—"आज हमारे पास देने को कुछ नहीं है।" बदले में मुल्ला ने फिर कहा—"सुल्तान के रसोइए को और कुछ नहीं, बस थोड़ा पानी चाहिए पत्थर का रसा बनाने के लिए"। यह सुनते ही

अमीर ने नौकर से दरवाजा खोलने को कहा। उसने यह सोचा कि ऐसी ठंड में वक्त काटने के लिए यह अच्छा है कि आज पत्थर का रसा बनते ही देख लिया जाए!

मुल्ला ने अंदर आते ही कड़ाही भरकर ताजा पानी मंगाया और आग के लिए सिगड़ी भी। फिर अपनी जेब से नदी के कुछ पत्थर कड़ाही में उबलने को डाल दिए। अब तक अमीर के घर के सारे लोग यह अजीब रसा बनते देखने जमा हो चुके थे।

थोड़ी देर बाद मुल्ला ने चम्मच से उबलते पत्थर का रसा चखा और उन लोगों से कहा—"इसे जायकेदार बनाने के लिए थोड़ा नमक चाहिए।" नमक हाजिर होने के बाद वह बोले—"थोड़ी सब्जियां-मसाले भी होते तो मजा बढ़ जाता।" यह चीजें भी मिल गईं। मुल्ला चम्मच से कड़ाही का पानी, सब्जी, पत्थर हिलाए जा रहे थे। लोग भी खुशी और हैरत से देख रहे थे।

तभी मुल्ला ने कहा—"काश! थोड़ा मांस होता।" अमीर ने इसका भी इंतजाम कर दिया। एक लोथड़ा अब कड़ाही में उबल रहा था। मुल्ला कहे जा रहे थे—"ऐसा रसा जिंदगी में

एकाध बार ही किसी को खाने को मिलता है।'' थोड़ी देर बाद उन्होंने सभी बेसब्रों को पूरी ईमानदारी से रसा परोसा और खुद भी छक कर खाया-पीया।

जब जमीन बोली

बुखारा का एक आदमी जियारत को जाने से पहले अपने पड़ोसी को खेत सौंप गया। उसे उम्मीद थी कि मियां पूरी हिफाजत से जमीन की देखभाल करेंगे। पड़ोसी ने जमीन अच्छी तरह ही देखी-भाली उसे सींचा, हांका, बोया और फसल खड़ी कर ली।

उधर जमीन का असली मालिक जब लौटकर आया तो उसने पड़ोसी से उसे वापस करने को कहा पर तब तक पड़ोसी की नीयत में खोट आ चुका था, उसने जमीन देने से इंकार कर दिया। उसका दावा था कि जमीन की देखभाल मैंने की है इसलिए अब यह मेरी हुई।

जमीन को लेकर दोनों की बहस झगड़े में तब्दील हो गई तो तमाशाइयों ने सलाह दी—''मामला ऐसे नहीं निबटेगा, तुम्हें काजी के पास जाना चाहिए।'' दोनों को यह नेक सलाह जमी भी, वे दोनों ही काजी के पास अपना-अपना दावा लेकर पहुंचे। काजी थे—''मुल्ला नसरुद्दीन।''

मुल्ला ने दोनों के दावे सुने, फिर कहा—''हमें जमीन पर भी जाना होगा।'' दोनों उन्हें अपने खेत पर ले गए। अचानक मुल्ला वहां मुआयना करते-करते जमीन पर लेट गए और उनकी कनपटी जमीन से सट गई।

दोनों ने पूछा—''आप क्या कर रहे हैं?'' मुल्ला ने कहा—''मैंने तुम्हारी सुनी अब जमीन की सुन रहा हूं।''

वे बोले—''जमीन की! हैं! क्या कह रही है वो?'' मुल्ला ने जवाब दिया—''वह कह रही है, यह जमीन न आपकी है, न आपकी। आप तो इसके रखवाले हैं मालिक नहीं। मालिक तो इस जमीन का खुदा है।''

ताकि नाप याद रहे

घर में घुसते ही बेगम ने काम पकड़ा दिया। वे तो जैसे मुल्ला के इंतजार में ही बैठी थीं कि कब वो इधर आएं और मैं उन्हें उधर बाजार भेजूं। काम दिखने में छोटा पर बड़ा गैर मामूली जान पड़ता था। बेगम का हुक्म था कि मुल्ला पूरा एक गज भर कपड़ा लाएं जो न जरा कम हो न जरा ज्यादा। मुल्ला को यह नाप मुश्किल जान पड़ी, सो उन्होंने पूछ ही लिया—"पर यह कैसे पता चलेगा कि नाप क्या है?" बेगम ने अपने दोनों हाथ फैलाकर बताया कि—"यहां से यहां तक होता है गजभर नाप।"

बस मुल्ला तुरंत बाजार रवाना हुए। नाप न भूल जाएं सो दोनों हाथ फैलाए हुए थे। रास्ते में इसी वजह से न किसी से दुआ सलाम कर पा रहे न कुत्ता-मवेशी ही देख पा रहे। तभी उन्हें जोर का झटका लगा और वह एक गड्ढे नुमा कम गहरे कुएं में जा गिरे।

कुएं में वह चिल्लाए जा रहे तभी एक राहगीर उनकी मदद के लिए कुएं में झांका। उसने मुल्ला से कहा—"खुदा के लिए मुझे अपना हाथ दो, मैं तुम्हें ऊपर खींच लूंगा।" लेकिन मुल्ला ने कहा—"मैं तुम्हें हाथ नहीं दे सकता।" राहगीर को ताज्जुब हुआ कि यह कैसा आदमी है जो इस मुसीबत में भी उलटा

चल रहा है। उसने कहा—''हाथ दो तभी तो बाहर निकालूंगा!'' मुल्ला जो अभी भी दोनों हाथ कपड़े के नाप के लिए फैलाए थे, बोले—''हाथ नहीं दे सकता, नाप भूल जाऊंगा। हां, मेरी दाढ़ी पकड़कर खींच सकते हो!''

आधा काम हुआ

यह उनकी लायकी और काबिलीयत ही थी जो उन्हें उनके सिर कस्बे का काजी बना दिया गया। काजी बनते ही मुल्ला नसरुद्दीन पर भी धुन सवार हुई कि क्यों न पूरे इलाके की इतनी सफाई कर दी जाए कि वह साफ दिखने लगे।

मुल्ला के जोशो खरोश को देख उनकी बेगम भी कहां पीछे रहने वाली थी। उन्होंने भी अपनी राय दे डाली। बेगम का कहना था—''आज सुबह बाजार में मैंने एक आदमी को चिथड़ों में बेहोश पड़ा देखा। वह बहुत कमजोर था। कितने गम की बात है कि अमीर और अमीर हो रहे हैं और गरीब दिन-ब-दिन गरीब हो रहा है। कई लोग भूखे रहते हैं तो उनके पड़ोसी कई-कई बार माल-ताल उड़ाते हैं। यह जमीन सबका पेट कई बार भर सकती है, फिर भी लोगों को दौलत के ढेर जमा करने में मजा

आता है। क्यों नहीं लोग अपना पैसा सच्चे भाई की तरह बांट लेते! लोगों को ऐसा करने के लिए समझाना चाहिए!''

मुल्ला को बेगम के यह नेक खयाल जंचे। उन्होंने पूरी ईमानदारी से इसे अमल में लाने की ठानी और सारा दिन गरीब और मुफलिसों को यह समझाने में लगाया कि—''बंटवारा कितना जरूरी है।'' इस बात के लिए वह बाजार, मस्जिद, घरों सभी जगह गए और तकरीर करते-करते उनका गला बैठ चला।

देर रात थके-मांदे घर लौट कर उन्होंने कहा—''बेगम, तसल्ली है कि मैंने आज आधा काम कर दिया। एक ही दिन में शहर के सारे गरीबों को राजी कर लिया। अब जो आधा काम रह गया है, वह यह कि अमीरों को समझाना है।''

सही तो यह

वो जानकार बड़े एतमाद् के साथ लोगों को मिस्र के पिरामिड और उनकी खूबियां बखान रहा था। ''यह वाला पांच हजार साल पुराना है।'' जानकार बोलकर निपटा ही था कि देखने वालों में शुमार मुल्ला ने कहा—''आप गलत बता रहे हैं, यह पांच हजार तीन साल पुराना है।'' यह सुनकर भीड़ तो खुश हुई पर जानकार नहीं।

थोड़ा आगे चलकर एक अजायबघर में रखा फूलदान बताते हुए जानकार बोला—''यह दो हजार पांच सौ साल पुराना है।'' ''जी बिल्कुल नहीं! यह दो हजार पांच सौ तीन साल पुराना है।'' मुल्ला फिर बोले थे। सुनते ही जानकार लाल-पीला हो गया पर लोग मुल्ला नसरुद्दीन के सही हिसाब पर दाद दे रहे थे।

जानकार ने गुस्से में पूछा—''आप इतने भरोसे के साथ कैसे सही वक्त बता सकते हैं?'' मुल्ला ने कहा—''यह तो बहुत आसान है जनाब! जब मैं यहां पिछली दफा आया था तो आपने इस फूलदान को दो हजार पांच सौ साल पुराना बताया था। तीन साल बीत गए। जाहिर है मैंने सही वक्त बताया।''

जन्नत और जहन्नुम

कौन नहीं जानता तैमूरलंग को, दुष्ट बादशाह उस दिन जाने कैसे खून-खराबे की जगह फलसफे की बातें करने लगा। उसने मुल्ला नसरुद्दीन को भी तलब किया।

जब मुल्ला तैमूर के सामने हाजिर हुए तो तैमूर ने कहा—"मुल्ला! हम रात-भर यह सोचकर सो नहीं पाए कि जन्नत कैसी होती है, जहन्नुम कैसा है? मेहरबानी करके बताएं कि वहां की हुकूमतें कैसे चलती हैं? हम भी वहां के तौर-तरीके सीखना चाहते हैं और यह सब जानने-पता करने के लिए आपको वहां भेजना चाहते हैं। अब आप मेरा मतलब तो समझ गए होंगे।"

जान बचाने के लिए मुल्ला ने तैमूर की आंख से आंख मिलाई और लगे बड़बड़ाने—"चोर, लंगड़े तेरी हिम्मत कैसे हुई ऐसे वाहियात सवाल करने की।" इतना सुनते ही तैमूर ने तलवार लहराई पर तभी मुल्ला घुटने के बल झुक गए और वार हवा में खाली चला गया। बचते ही मुल्ला बोले—"हां, यही तो जहन्नुम है।" अब तैमूर की समझ में मुल्ला की बात आ ही

गई। उसका गुस्सा काफूर हो गया। उसने खुश होकर कहा—"मुझे यह सबक समझाने के लिए आपको माफ किया जाता है। साथ ही थैली भरकर सोने की मुहरें, एक खूबसूरत दासी, नया रेशमी जोड़ा और दरबार में अच्छी जगह दी जाती है।"

इतना सब मिलने का एलान होते ही मुल्ला ने मुस्कराते हुए कहा—"जहांपनाह, और यही तो जन्नत है।"

तैमूर का इंसाफ

तैमूरलंग अपने चमचों से इतना परेशान हो उठा कि उसने झूठ बोलने वालों के सिर कलम कराना शुरू कर दिया। तैमूर की तरफ से इलाके में फरमान जारी होते, लोगों को सवालात के लिए बुलाया जाता और पूछने वाला होता तैमूर।

वैसे तो सच बोलने पर ढेरों इनाम भी रखे थे, पर लोगों की ईमानदारी देर तक कायम नहीं रह पाती। अकसर लोग सिर गंवा बैठते। उनकी खोपड़ियां मीनारों में चुन दी जातीं। तैमूर का

सच भी झूठे लगा करते। अब मुल्ला के शहर की बारी थी। घबराए लोग मुल्ला के घर के आगे जमा थे। उन्हें उम्मीद थी कि आखरी तौर पर मुल्ला नसरुद्दीन की हाजिर जवाबी ही उन्हें किसी तरह बचा लेगी।

मुल्ला ने भी सोचा क्यों न तकदीर आजमा ली जाए। बच गए तो दरबार की नौकरी, रेशमी पोषाक, बादशाह के साथ दावत वगैरह के इनाम तो मिलेंगे ही, पूरा शहर भी माफ होकर बच जाएगा।

तैमूर के आगे पहुंचते ही मुल्ला चिल्लाए—"इंशा अल्लाह! मेरा सिर कलम होगा!" यह सुनते ही तैमूर ने कहा—"तुम झूठ बोलते हो।" तैमूर अभी मुल्ला की चालाकी समझ पाता, उसके पहले मुल्ला ने फिर एलान कर दिया—"और जो भी आप कहना चाहते हो वो भी झूठ होगा।" तैमूर अब फंस गया। वह चाहकर भी मुल्ला की बात नहीं काट सकता था। सजा का तो सवाल ही नहीं रहा। रहे मुल्ला तो वे मालामाल होकर दरबार में जगह पा गए।

बेचने का नुस्खा

मुल्ला नसरुद्दीन रोज अपनी गाय बेचने मवेशी बाजार जाते, पर गाय नहीं बिकती। एक दलाल ने उनसे पूछा—"इसे बेचते क्यों नहीं?" मुल्ला ने कहा—"बिकती ही नहीं।" मुल्ला की गाय सफेद हाथी हुई जा रही थी। फायदा था नहीं, न दूध का न कोई और, ऊपर से बिक भी नहीं रही।

दलाल भी मुल्ला का पुराना हमदर्द था सो उसने कहा—"फिक्र मत करो! गाय बेचने का नुस्खा मैं बतात हूं।" यह कहकर वह गाय को मालदार खरीददारों की जमात में ले गया और मुल्ला को भी साथ खड़ा कर चिल्लाने लगा—"मैं इस गाय की वालिदा को जानता हूं, वो बहुत सीधी और प्यारी है। वह बहुत दूध-मक्खन देती है। यह गाय भी उसी पर गई है। यह भी उस जैसी है और छह महीने बाद बच्चा देने वाली है....."

कुछ ही लम्हों में गाय बिक गई। कशीदे इतने बेहतरीन थे कि दाम तो बेहतर मिले ही मुल्ला भी दलाल की अकल को दाद देने लगे। उन्हें बेचने का तरीका मिल गया।

मुल्ला की प्यारी बिटिया की शादी करनी थी। बेगम को ज्यादा फिक्र थी क्योंकि मुल्ला तो ठहरे अफलातून, पर रिश्ते जम नहीं रहे थे। एक दिन कुछ जवां मर्द अपने वाल्दाइन के साथ मुल्ला की बेटी को देखने आए। मुल्ला ने सोचा कोई फार्मूला फिट किया जाए तो बात बन सकती है। बस फिर क्या था। अपनी बेटी की तारीफ में वह कहने लगे—"मेरी बेटी बहुत अच्छी है। बिल्कुल अपनी मां पर गई है। वो दूध-मक्खन देती है और छह महीने बाद ब्याहने वाली है।"

इतना सुनते ही सारे मेहमान उलटे पांव भाग खड़े हुए, रोके नहीं रुके। बेगम तनमना गई—"तुम्हें क्या जरूरत थी इस तरह के बकवास की?" मुल्ला बोले—"बेगम, जब तक तारीफ नहीं की, गाय नहीं बिकी, वही नुसखा मैंने यहां इस्तेमाल कर डाला। मुझे क्या पता था....."

गधे की तालीम

तैमूर को अपने गधे पर बड़ा नाज था। हो भी क्यों न! वह आखिर एक शायर से जो खरीदा गया था। तैमूर को भरोसा था कि यह गधा है अकलमंद।

एक दिन तैमूर ने दरबारियों से जानना चाहा कि इस कीमती गधे का वह किस तरह फायदा ले सकते हैं। दरबारी खामोश रह गए। ऐसे में नसरुद्दीन ने सोचा कि तैमूर की बात नहीं मानी तो अभी कुछ सर कलम होते हैं, सो वो तुरंत बोल पड़े—"हुजूरे आला, मैं इस गधे को तालीम हासिल करा सकता हूं, बस तीन हफ्ते लगेंगे। इंशाअल्लाह! मुझे ऐसी जगह चाहिए जो अनाज से भरी हो?" नसरुद्दीन की बात से तैमूर ने खुश होकर अपनी रजामंदी दी—"मंजूर है।"

मुल्ला गधे को लेकर तीन हफ्ते तक मुफ्त अनाज का मजा लेते रहे और गधा खाता रहा सूखा घास-फूस। एक चालाकी वह जरूर करते, एक सुंदर-सी किताब में बीच-बीच में कुछ दाने रख देते जिन्हें गधा हसरत से देखता।

वक्त पूरा हुआ। मुल्ला गधे को लेकर तैमूर के दरबार में पहुंचे। लोग इंतजार कर रहे थे कि देखें मुल्ला की दी तालीम कैसी है! मुल्ला ने गधे के आगे किताब रख दी जिसके पन्ने वह जीभ फिरा-फिरा कर इस उम्मीद से पलटने लगा कि इनके बीच कहीं कोई दाना हो। पर उसमें कोई दाना न पाकर गधे ने आखिरी पन्ना भी उलट दिया।

"देखा हुजूर आपकी आंखों के सामने गधे ने एक-एक पन्ना पढ़ डाला।" मुल्ला ने कहा तैमूर भी अड़ियल था। उसने कहा—"हां, यह पढ़ा तो पर क्या? यह तो पता ही नहीं चला। तुम इसे बोलना भी सिखाओ।" मुल्ला ने कहा—"आपकी यह ख्वाइश भी मैं पूरी कर दूंगा बस! मुझे दस साल का वक्त, दोनों बार का अच्छा खाना मिल जाए। फिर देखना यह कैसे नहीं बोलेगा! अगर नहीं बोले तो आप मेरा सिर कलम करा देना।"

तैमूर ने कहा—"मंजूर है।"

तभी वजीर ने मुल्ला के पास जाकर धीरे से पूछा—"यह कैसे होगा! तुम्हारा सर तो कलम हो ही जाएगा!" मुल्ला ने कहा—"बिल्कुल नहीं।" वजीर ने पूछा—"वह क्यों?" मुल्ला ने कहा—"यह गधा बहुत उम्र का है और हमारे बादशाह भी। मैं भी बुजुर्ग हूं। दस साल में या तो तैमूर या गधा या फिर मैं मर जाऊंगा। हम तीनों में से एक की मौत मेरी जान बचा सकती है!"

सब्र की जरूरत

बुढ़ापे में पहुंचा तुर्की का तैमूर चाह रहा था कि तारीख उसे हमेशा याद रखे, इसलिए उसने अपने दरबारी मसखरे मुल्ला नसरुद्दीन से पूछा कि—"मुझे क्या करना चाहिए?" मुल्ला ने कहा—"आपके पास दुनिया-जहां की दौलत और ऐशो-आराम है, पर आका मेरे थोड़ा सब्र और होता तो....."

तैमूर ने कहा—"अच्छा! और किस चीज की जरूरत है?" मुल्ला ने कहा—"हुजूर अमन और सकून बनाए रखना होगा।" तैमूर बोला—"और क्या?" मुल्ला फिर कहने लगा—"हुजूर सब्र बनाए रखें। सब्र से ही दुनिया आपके कदमों में होगी!" तैमूर बार-बार सवाल दोहराता और मुल्ला भी बार-बार उसे सब्र रखने की नसीहत देते। झुंझलाकर तैमूर चीखा—"तुम बार-बार यही कहना चाहते हो न कि मुझे कोई बात एक बार में समझ नहीं आती? सिपाहियो! पकड़कर इसका सर कलम कर दो।" यह फरमान होते ही मुल्ला सहम गए और बोले—"मेरे आका यही तो मैं समझा रहा था। मेरी नेक सलाह न मानकर आप अपना सब्र खो ही बैठे।" तैमूर का गुस्सा ठंडा हो गया। उसे मतलब समझ आ गया और मुल्ला ने भी अपने को बचा पाया।

चोरों के घर

मुल्ला वैसे तो यकीनी तौर पर ठीक-ठाक वक्त पर घर लौटा करते थे, लेकिन एक रात देर क्या हुई चोरों ने दांव मार दिया।

मुल्ला घर पहुंचे तो देखा दरवाजा खुला है। माजरा क्या है? यह जानने वह घर के पिछवाड़े पहुंचे तो देखा चोर खिड़की के रास्ते उनका सामान ढो रहे थे। उस वक्त पड़ोसी भी गहरी नींद में थे, सो मुल्ला ने भी चालाकी से काम लिया।

चोर उनका सामान बांधकर एक गधे पर लादे अपने घर ले आए। अंधेरे में मुल्ला भी चुपचाप पीछे-पीछे चल दिए। चोर के घर वह धीरे से घुसे और चादर ओढ़कर सो गए। अपना काम निबटाकर जब चोर भी सोने के लिए कमरे में पहुंचे तो उन्होंने महसूस किया कि कोई उनके बिस्तर पर पहले से लेटा है। चोरों ने रोब से कहा—"कौन है तू? हमारे बिस्तर पर कैसे?" मुल्ला ने उतने ही रोब से जवाब दिया—"तुम्हारा घर! तुम्हारा बिस्तर! मैंने तो सोचा कि तुम मेरा सामान लाकर यहां मेरा मकान बदलने में मदद कर रहे हो।" चोर हक्के-बक्के रह गए।

कैसे बख्शें

बुखारा का सदर बाजार सौदागरों, खरीददारों, मंगतों और तमाशाइयों से भरा पड़ा था। भारी भीड़ थी। सिर ही सिर नजर आ रहे थे। लोग एक-दूसरे को धक्का दिए जा रहे थे या फिर पांव के नीचे पांव कुचल रहे थे।

मुल्ला भी भीड़ में पिसे जा रहे थे। तभी उन्होंने अपने पास खड़े नौजवान से बड़े अदब से पूछा—"आप कहीं इमाम साहब के भांजे तो नहीं?"

नौजवान ने कहा—"जी नहीं।"

मुल्ला ने फिर पूछा—"तो शायद, काजी साहब के साहबजादे होंगे?" इस बार थोड़ा बिफरे उस नौजवान ने कहा—"जी बिल्कुल नहीं।" मुल्ला फिर भी खामोश नहीं रहे—"जरूर, हो न हो आप बादशाह हुजूर के खासमखास दरबारी होंगे?" नौजवान ने अपना गुस्सा दबाकर अदब से कहा—"ऐसी कोई बात नहीं है बड़े मियां।" यह सुनते ही मुल्ला जोर से बरस पड़े—"आवारा कुत्ते की औलाद! कितनी देर से तुम्हें सहन कर रहा हूं, मेरे पांव से अपना पांव हटाओ वर्ना घूंसा मारकर तुम्हारा थोबड़ा बिगाड़ दूंगा!"

अल्लाह के वास्ते

मुल्ला नसरुद्दीन ने आखिरकार उस दिन फकीर को धर-दबोचा। यह वही फकीर था जो रोज उनके बाग से अंजीर चुरा ले जाता था पर आज उसकी गर्दन मुल्ला के हाथ में थी। मुल्ला की पकड़ में आए फकीर ने गुस्से में कहा—"तुम क्या समझते हो, क्या कर रहे हो?" मुल्ला ने कहा—"कुछ गलत नहीं।" फकीर ने फिर बेझिझक होकर कहा—"मैं अल्लाह का नौकर हूं, ये पेड़ भी अल्लाह के बने हैं और मैं इनसे अल्लाह के बंदे को खिला रहा हूं।"

यह सुनकर मुल्ला का पारा और चढ़ गया—"अच्छा! ऐसी बात है।" यह कहकर उन्होंने एक छड़ी उठाई और फकीर की ठुकाई करनी शुरू कर दी। पिटाई से लाल-पीला फकीर चिल्लाया—"दुष्ट, तेरी हिम्मत कैसे हुई एक फकीर पर हाथ उठाने की।"

मुल्ला ने जवाब दिया—"इसमें गलत क्या है? मैं सिर्फ अल्लाह के नौकर को, अल्लाह की लकड़ी से अल्लाह के पेड़ के नीचे पीट रहा हूं ताकि अल्लाह के बाग को बचा सकूं।"

बेवकूफ कौन

मुल्ला की शोहरत इतनी ज्यादा हो चली थी कि आसपास के इलाकों में उनसे जलने वाले भी कम नहीं थे। वह जितना बेहतर करते कुछ लोग उतनी ही जलन रखते।

पड़ोसी कस्बे का एक शख्स बहुत जल-भुन कर इस नतीजे पर पहुंचा कि अब बहुत हो गया, क्यों न मुल्ला के घर ही पहुंचकर उनके इल्म से दो-दो हाथ कर लिए जाएं। मुल्ला को पता लगा कि कोई शख्स उन्हें मात खिलाने को उतावला हो रहा है तो अच्छे मेजबान की तरह उन्होंने पहल की और खुद ही उसे आने का न्योता भेज दिया।

वो शख्स मुल्ला से बहस के लिए उनके घर पहुंचा तो उसने दरवाजे पर ताला लगा पाया। मुल्ला को न पाकर वह

आग-बबूला हो उठा और कहने लगा—"मुझे घर बुलाकर खुद गायब हो गया कायर।" जाते-जाते वो उनके दरवाजे पर लिख गया "बेवकूफ।"

जब मुल्ला लौटकर आए तो उन्होंने अपने दरवाजे पर "बेवकूफ" लिखा देखा और उलटे पांव उस शख्स के घर रवाना हो गए। वहां पहुंचकर उन्होंने दरवाजा बजाया। दरवाजा खुलते ही मुल्ला ने कहा—"जनाब, आप मेरे यहां आए थे, बहस के लिए, अफसोस! उस वक्त मैं घर नहीं था। दरअसल, मैं बहस की बात ही भूल गया था, लेकिन दरवाजे पर आपके दस्तखत देखते ही मुझे याद आ गया और मैं चला आया।"

बुरा दिन

कभी-कभी मुल्ला की जिंदगी में ऐसे मौके न आते हुए भी आ ही गए जब उन्हें उलट दांव झेलना पड़ गया या यूं कह लें 'होशियारी काम न आई'।

ईद की एक दावत में मुल्ला अपने अजीज से लगते दोस्त मौलाना के साथ किसी गांव जाने को निकले। मौलाना कम घाघ नहीं थे। ये तो मजबूरी थी कि दोनों को आज एक-दूसरे को बरदाश्त करना ही था। रास्ते में उन्हें इधर जोर की भूख लगी कि उधर एक ढाबा नजर आ गया। मौलाना ने कहा—"यार मुल्ला बड़ी जोर की भूख लगी है, भूखे तो तुम भी हो, चलो कुछ खा लिया जाये", मुल्ला 'न' नहीं कहने की हालत में थे।

ढाबे पर पहुंचते ही उन्होंने खानसामा से पूछा—"क्या बनाया है खाने को?" खानसामा ने जवाब दिया—"हमारे पास यह तथा वह है।" भौचक मुल्ला-मौलाना यह सुन एक-दूसरे की सूरतें देखने लगे। फिर कुछ सोचकर मौलाना ने हुकुम दिया—"ठीक है! मुझे एक प्लेट यह तथा वह ला दो।" ढाबे वाले खानसामा ने अपनी शक्ल मुल्ला की ओर घुमाकर पूछा—"जनाब आपके लिए?" मुल्ला ने कहा—"जो इन्हें लाओ वो

ही मुझे ले आओ।'' दरअसल यह और वह मुर्ग और बकरे के मांस के नाम थे।

मौलाना खाते जा रहे और हड्डियां एक तश्तरी में पटक रहे। मुल्ला भी ऐसा करते जा रहे और चुपचाप हड्डियां मौलाना वाली तश्तरी में रख देते। जब दाम चुकाने की घड़ी आई तो मुल्ला कन्नी काटने लगे, उन्होंने सफाई दी—''हड्डियां तो मौलाना की तश्तरी में ज्यादा हैं, जाहिर है उन्होंने ज्यादा खाया है सो पैसा

भी ज्यादा वो ही दें।'' मौलाना मुल्ला की चाल समझ गए—''जरूर यह कम पैसा देकर मेरे मत्थे खर्चा मढ़ रहा है।'' बस फिर क्या था, मौलाना गुर्राए—''मैं कोई कुत्ता नहीं हूं जो मांस के साथ हड्डी भी खा जाऊं, तुम चुपचाप पैसे भर दो।''

उधर ढाबा मालिक भी मुल्ला की होशियारी भांप गया और उसने त्यौरियां चढ़ाकर मुल्ला से ज्यादा कुछ नहीं सिर्फ इतना कहा—''वर्ना।'' बस! समझदार को इशारा काफी की तर्ज पर मुल्ला समझ गए कि दिन ठीक नहीं है, कम से कम मौलाना के साथ तो दिन आज बुरा ही रहेगा। फिर उन्होंने चुपचाप भुगतान कर दिया।

ऐसे मिला कोट

मुल्ला को अपना पुराना कोट अपने हरदिल अजीज गधे और बेगम से थोड़ा ही कम-ज्यादा पसंद था, पर कड़ाके की सर्दी में उनका इकलौता कोट ईर्ष्या करने वाले पड़ोसी ने चोरी कर लिया। अब मुल्ला परेशान, एक तो कड़ाकेदार सर्दी ऊपर से कोट चोरी की बदनामी।

मुल्ला ने कोट जाते ही जमाने वालों को दिल भर-भर कर कोसा और चोर को खूब धोंसा भी। जानते वह भी नहीं थे कि आखिर चोर है कौन? पर दो-चार जगह यह जरूर चिल्ला दिए—"मैं उस आदमी को पहचानता हूं, जिसने मेरा कोट चुराया है। वह चुपचाप मेरा कोट लौटा दे वर्ना....." इसके आगे उनकी धमकी अधूरी थी।

बुखारा शहर जल्दी ही मुल्ला की धमकी के बुखार में था। चौराहे, गली-कूचे सभी जगह मुल्ला की धमकी के ही चर्चे थे। लोग कह रहे थे—"मुल्ला चोर को जानता है और उसने कोट नहीं लौटाया तो!" "वर्ना" मुल्ला क्या करेगा? यह जानने शहर के लोग दिलचस्पी कायम रखे थे।

जब मुल्ला की धमकी की बात पड़ोसी चोर के कान में पहुंची तो वह सकते में आ गया कि मुल्ला चोर को जानता है। उसने सोचा कि कहीं मुल्ला ने अपना नाम बादशाह को बता दिया तो उसकी तो खैर नहीं। चोर की फिक्र बढ़ चली। इसके पहले कि वह अपनी किस्मत फूटती देखता, वह चुपचाप मुल्ला के घर पहुंचा और उसी रात कोट दरवाजे पर पटक आया।

सुबह मुर्गे की बांग सुनकर उबासी लिए मुल्ला ने दरवाजे को खोला तो उनकी खुशी का ठिकाना नहीं रहा। थोड़ी देर में यह खबर फैल गई कि मुल्ला का कोट मिल गया है। लोग मुल्ला के घर इकट्ठा होने लगे। अब वह यह जानना चाहते थे कि अगर कोट नहीं मिलता तो वह क्या करते? सभी को वह "वर्ना" का खयाल था। मुस्कराते हुए मुल्ला नसरुद्दीन ने सबकी मुराद पूरी करते हुए कहा—"कुछ खास नहीं, अगर नहीं मिलता तो क्या करता? मैं बाजार से दूसरा कोट खरीद लाता बस!"

डाकुओं से मुठभेड़

गांवों में जब सर्दी के वक्त लोग अलाव जलाकर तापने बैठते हैं तो कभी आग, कभी शकलें देख-देखकर बढ़-चढ़ कर गप्प भी हांकते जाते हैं, मकसद होता है थोड़ा वक्त गुजारना।

चौराहे पर जल रहे अलाव को तापते जब सब लोग अपने किस्से खत्म कर चुके तब नसरुद्दीन की बारी बची थी। उन्होंने यह कह कर सबको हैरत में डाल दिया कि वह एक बार हिंदुस्तान के चंबल इलाके में डाकुओं को अपना सामान छोड़कर भागने को मजबूर कर चुके हैं।

मुल्ला ने बताया कि वह वर्षों पहले हिंदुस्तान गए थे और घूमते-घामते चंबल की घाटियों में पहुंचे.....। लोगों ने पूछा— "क्या वहां तुम्हें डर नहीं लगा? क्या डाकू मिल गए?" मुल्ला बोले—"हां, डाकू मिल गए, पर डरने की बात नहीं थी, उलटे मुझे देखकर वह अपने हथियार और सामान छोड़कर भागने लगे।"

"तुमने चंबल के डाकुओं को भगा दिया, यह कैसे मुमकिन हुआ?" लोग बोले।

मुल्ला ने बताया—"यह तो बड़ा आसान रहा। ज्यों ही मैंने डाकुओं को आते देखा, त्यों ही मैं अपना सामान उठाकर भागने लगा। डाकू भी अपना सामान पटक कर, यहां तक कि बंदूकें भी पटक कर मेरे पीछे दौड़ लिए।"

मैं फिर बच गया

अमावस की काली रात में नसरुद्दीन नींद न आने की वजह से बेचैन थे। कभी इस करवट तो कभी उस करवट। ऐसे में अचानक उनकी नजर खिड़की की ओर पड़ी तो रही-सही नींद भी उड़ गई। खिड़की के बाहर कोई सफेद चीज थी जो रह-रह कर इनसानी तौर पर चमके जा रही थी। हवा के झोंके में उसकी लहराहट सचमुच खौफनाक थी।

मुल्ला ने सोचा, हो न हो ये कोई चोर या बदमाश है जो उनके घर में घुसने की फिराक में है। बस! मुल्ला पीछे वाले कमरे में दबे पांव दौड़े और जल्दी से अपना तीर-कमान उठाकर तीर दाग दिया। बेरहम तीर ठीक निशाने पर लगा और थोड़ी आवाज भी हुई।

मुल्ला ने मशाल जलाई और यह देखने के लिए कि जिसे तीर मारा है वह कौन है? देखने बाहर निकले लेकिन बड़ी जल्दी घबराए हुए वापस लौट भी आए। उनकी हालत देख नींद से उठी बेगम ने पूछा—"क्या हुआ?" मुल्ला ने कहा—"खुदा का शुक्र है! मैं अभी-अभी बाल-बाल बचा हूं।" बेगम ने पूछा—"वह कैसे?"

मुल्ला बोले—"खिड़की के बाहर मेरी कमीज सूख रही थी। अंधेरे में उसके लहराने से मैंने सोचा कि कोई चोर है, इसलिए मैंने उस पर तीर दाग दिया जो सीधे दिल वाले हिस्से में लगा। जरा सोचो! मैं उस कमीज में होता तो अब वह तीर तो मेरे कलेजे में लगा होता!"

गधा मिल गया

वो देहाती जरूर गंवार था तभी उसका गंवारपन मुल्ला को भांपने में देर नहीं लगी। देहाती अपना गधा खो जाने पर उसे अजीब तरीके से ढूंढ़ रहा था। हाथ में उसके लंबी रस्सी थी जो वह कभी यहां बांधकर उस छोर तक ढूंढ़ आता तो कभी वहां बांधकर इस छोर तक।

गधे से देहाती की रोजी-रोटी चलती थी। उसके जाने से गमगीन देहाती की मदद करने की मुल्ला ने ठानी और उसके साथ निकल पड़े ढूंढ़ने। कभी यहां, कभी वहां, कभी कहां? आखिर में मुल्ला गधा ढूंढ़ते-ढूंढ़ते जब खुद भी थक गए, पस्त हो गए तो नजदीक की एक दुकान में उसे ले आए। "जरूर तुम्हारा गधा यहां मिल ही जाएगा?" मुल्ला ने कहा।

"यहां, दुकान में?"—देहाती बोला।

दुकान में घुसते ही मुल्ला ने वहां मौजूद लोगों से पूछा—"तुममें से ऐसा कौन शख्स है जो चाय, तम्बाकू या किसी तलब का शौकीन नहीं है?" सिर्फ एक आदमी ने ही हाथ उठाकर खुद को बताया। मुल्ला ने उसे देखते ही देहाती से कहा—"वो रहा तुम्हारा गधा। जाओ रस्सी डाल दो। वो वाकई में एक गधा है।"

अल्लाह की नेमत

एक दिन का वाकया है। मुल्ला नसरुद्दीन एक दुकान में खड़े हुए चाय पी रहे थे। यकायक बारिश होने लगी, तभी उनकी नजर जान छोड़कर भाग रहे मौलाना असगर पर पड़ी जो बारिश से बचना चाह रहे थे। तभी मुल्ला को याद आया कि कुछ दिन पहले ही तो मौलाना उन्हें अल्लाह की नेमत को लेकर नसीहतें दे रहे थे। इस पर उनकी खूब बहस भी हुई थी।

भागते मौलाना को देख मुल्ला भी फायदा उठाने के फेर में आ गए। उन्होंने आवाज दी—"अरे मौलाना! कहां भागे जा रहे हो? यह तो अल्लाह की नेमत है जो हम अल्लाह के बंदों को अल्लाह मियां आसमान से भेज रहे हैं और तुम इस नेमत को ठुकराते हुए इससे भाग रहे हो?"

मुल्ला के मुंह से यह सुनकर मौलाना असगर पसोपेश में पड़ गए। "सच ही तो कह रहा है" यह सोचकर फौरन उन्होंने अपनी चाल बदली और आहिस्ता-आहिस्ता कदम उठाने लगे। वह सोचे जा रहे "मुल्ला की बात में दम है, मैं पहले क्यों यह खयाल न रख पाया!" जब मौलाना घर पहुंचे तब तक वह अपनी आहिस्ता चाल की वजह से बारिश में पूरी तरह तर हो गए।

घर जाकर मौलाना जब कपड़े उतारकर सुखा रहे थे तभी उनकी निगाह खिड़की से मुल्ला नसरुद्दीन पर पड़ी जो बारिश से बचने के लिए तेजी से भाग रहे थे। यह देख मौलाना चिल्लाए—"क्यों मुल्ला, अब तुम इस नेमत को ठुकरा के गुनाह नहीं कर रहे?"

मुल्ला ने जवाब दिया—"मौलाना, यह बारिश है तो अल्लाह की नेमत पर इस नेमत को मैं अपने पांव के नीचे कैसे आने दे सकता हूं, यह तो उससे बड़ा गुनाह नहीं होगा क्या?"

सर कैसे काटता

तुर्की की फौज का डेरा एक बार उस कस्बे में रहा जहां नसरुद्दीन रहा करते थे। सिपाहियों को देख गांव वाले भी इकट्ठा हो जाते। कोई उनके कपड़े देखता तो कोई उनके हथियार घूरता। भीड़ देख मामूली सिपाही भी रौब-दाब में आ जाता।

रात को अलाव जलाए सिपाही गांव वालों का दिल बहलाने अपनी बहादुरी के किस्से बढ़ा-चढ़ाकर सुना रहे थे। कोई सिपाही बताता कैसे उसने दस-दस ऊंट वाले सिपाही ठिकाने लगा दिए तो कोई बताता कि कैसे वह अकेला ही पूरी फौज का खात्मा कर आया। गांव वाले तो सिर हिला-हिलाकर सिपाहियों के 'झूठ' भी 'सच' मान रहे, पर मुल्ला देर तक यह

बर्दाश्त नहीं कर पाया और बोल पड़ा—"मेरे पास भी बहादुरी का एक किस्सा है, जो मैं सुनाना चाहता हूं।"

मुल्ला के मुंह से यह निकलते ही सिपाही और गांव वाले यकायक उनकी ओर देखने लगे। मुल्ला ने उन्हें सुनाया—"एक दिन कुछ दुश्मनों ने गांव पर हमला कर दिया तो मैंने एक दुश्मन की टांग काटकर उसे बादशाह के दरबार में हाजिर की। इस पर मुझे इनाम में दस सोने की मोहरें मिलीं।" यह सुनते ही एक सिपाही बोला—"तुम बेवकूफ थे, टांग की जगह सर काट लेते तो दस की जगह पूरी सौ मोहरें मिलतीं।"

मुल्ला ने तपाक से जवाब दिया—"कैसे काटता! उसका सर तो बादशाह हुजूर के सिपाही पहले ही काट ले गए थे!"

खातिरदारी

हर आदमी को यह गुमान रहता है कि खातिरदारी करने के मामले में तो अव्वल वह खुद है। चौराहे पर कुछ लोग ऐसी ही बहस में अपने दावे किए जा रहे थे। मुल्ला भी देर से यह सब बकवास सुन रहे थे। जब उनसे नहीं रहा गया तो वह बोल पड़े—"जनाब! खातिरदारी के मामले में तो मेरे बराबर कोई यहां है ही नहीं।" "यह बात है तो क्यों नहीं तुम हम लोगों को खाने पर बुलाने का न्योता दे देते।" लोगों की यह बात सुनते ही मुल्ला फंस गए, अब उन्हें 'हां' करनी पड़ी और सबको लेकर घर की ओर चल दिए।

सभी को दरवाजे पर रोककर मुल्ला ने कहा—"तुम यहीं ठहरो! मैं बीवी को जरा खाने की तैयारी के लिए बोलकर आता हूं।" लोग बोले—"ठीक है।" मुल्ला घर में गए और बीवी को सारा माजरा बताया। सुनते ही वह बिफर उठी—"एक तो घर में अनाज नहीं है ऊपर से मैं इन मुफ्तखोरों को खिलाऊं?" मुल्ला ने सोचा अब क्या किया जाए, फिर कुछ सोचकर बीवी से बोले—"अच्छा! तुम इतना तो कर ही सकती हो, बाहर जो खड़े हैं वह मेरे बारे में पूछें तो कह देना मुल्ला घर में नहीं हैं।"

जब देर तक मुल्ला बाहर नहीं आए तो बाहर खड़े भूखों के सब्र का बांध टूट गया। वे लोग जोर से दरवाजा खटखटाने लगे। आवाज सुनकर बीवी बाहर आई और बोली—"मुल्ला तो घर पर नहीं हैं।" लोग बोले—"क्या? वो तो हमारे सामने घर में घुसे थे।" बीवी बोली—"पर वह तो हैं ही नहीं।" लोग मान नहीं रहे थे "मुल्ला घर में गए हैं, हम तभी से दरवाजे पर खड़े हैं, वो बाहर निकले ही नहीं हैं। आप झूठ बोल रही हैं।"

उधर मुल्ला देर से अंदर छिपे अपनी बेगम और लोगों की बहस सुन रहे थे, यह भूल गए कि उन्होंने ही सबको खातिर तवज्जो के लिए न्योता दिया है। वे गुस्से में बाहर आए और दोनों हाथ कमर पर रखकर चढ़ी आंखों से बोले—"क्या बकवास कर रहे हो तुम लोग! मैं सामने के दरवाजे से अंदर गया जरूर हूं, पर क्या यह नहीं हो सकता कि मैं पीछे के दरवाजे से बाहर चला गया होऊं?"

अंगूठी का मालिक

बुखारा का कानून था कि जिसे कोई खोई चीज मिले वह तीन बार चिल्लाकर बीच बाजार में उस चीज के मिलने का एलान

करे। अगर कोई दावा न आए तो वह उस चीज को अपने पास रख सकता है।

इत्तफाक से बाजार से गुजरते मुल्ला नसरुद्दीन को यकायक एक अंगूठी, जो खालिश सोने की मालूम देती थी, मिली। मुल्ला का मन उस अंगूठी पर आ गया पर कानून भी आड़े आ रहा था। मुल्ला को फिक्र हुई कि कानून तोड़ा तो बादशाह सर कलम करा देगा पर अंगूठी तो उन्हें चाहिए ही थी।

आधी रात को मुल्ला बाजार में जोर-जोर से तीन आवाजें लगा रहे—"मुझे बाजार में सोने की अंगूठी मिली है"। जाहिर है सब गहरी नींद में थे सो कौन सुनता। फिर भी दो-चार शख्स उठ ही आए। आते ही उन्होंने पूछा—"क्यों मुल्ला क्या कह रहे थे?" मुल्ला ने कहा—"यहां का कायदा है कि मैं सिर्फ तीन बार ही कहूं, चौथी बार कहकर मैं कायदा-कानून तोड़ना नहीं चाहता। बस! इतना कह सकता हूं कि अब इस अंगूठी का मालिक मैं हूं।"

परदेस की खातिर

मुल्ला ने सोचा क्यों न दूसरे मुल्कों का भी दौरा करें। एक ही देश में रहकर वह बोर हो गए थे, ऐसा नहीं था। बुखारा उन्हें

जान से प्यारा था पर वह चाहते थे दूसरे मुल्कों के इल्म, तौर-तरीके भी सीखे जाएं।

गधे पर बैठे मुल्ला शाम के समय एक सराय पहुंचे। उन्हें देखते ही सराय मालिक दोनों हाथ फैलाकर उनकी ओर बढ़ा—"खुशआमदीद! खुशआमदीद! आइए तशरीफ लाइए। ये हमारी खुशकिस्मत है जो आप यहां तशरीफ लाए। हम तो तकदीर वाले हैं। आपकी खातिरदारी में मैं और मेरे नौकर कोई कसर नहीं छोड़ेंगे। आप यहां ठहरें और जिस चीज की भी जरूरत पड़े तो बस एक आवाज भर लगा दें, हम फौरन हाजिर हो जाएंगे।"

मुल्ला सराय के लोगों के सलीके से बहुत खुश हुए। उन्हें खुशी हुई कि बुखारा के बाहर भी उन्हें इतनी इज्जत बख्शी जा रही है। रात गहराई तो वह कमरे में जाकर सो गए।

कुछ देर की नींद के बाद मुल्ला को जोर की प्यास लगी। वहां पानी का मर्तबान न देख वह आवाज देने लगे—"पानी! पानी!" पर कोई सुनकर नहीं आया। इधर गला सूखता जा रहा था। मुल्ला फिर जोर से चिल्लाए—"पानी! पानी! पानी!" फिर कोई नहीं आया। मुल्ला का पारा चढ़ गया—"कहां तो यह क्या कह रहे थे और अब!" मुल्ला ने गुस्से में चीख लगाई—"आग! आग!"। यह सुनते ही सराय के सारे नौकर पानी के बर्तन भर-भर कर मुल्ला की ओर दौड़े। दरवाजे पर पहुंचते ही उन्होंने पूछा—"कहां है आग?" तनमनाये मुल्ला ने तपाक से कहा—"यहां! मेरे मुंह में।"

गधे का मोल

बेगम मुल्ला और उनके लाडले गधे के याराने से बेहद परेशान थी। मुल्ला से ज्यादा गधा उसकी आंखों में खटकता। मुल्ला को गधा प्यारा लगता, पर एक दिन उन्होंने फैसला किया कि क्यों न इस गधे को बेच दिया जाए! चार पैसे आएंगे तो घर की हालत ही दुरुस्त होगी। अपना फैसला उन्होंने बेगम को सुनाया तो वह बेहद खुश हुई।

मुल्ला और गधा खुश होकर बाजार चले जा रहे थे कि आज दोनों को एक-दूसरे से छुटकारा मिल जाएगा। मुल्ला को बेचने और गधे को बिकने की खुशी कुछ अलग ही थी। मुल्ला ने नीलामघर में ले जाकर अपना गधा बोली के लिए खड़ा कर दिया।

शाम को बेगम ने देखा मुल्ला नसरुद्दीन मुस्कराते चले आ रहे हैं। यह सोचकर उसे तसल्ली हुई कि जरूर गधा बिक गया। आते हुए खाविंद से वह पूछ बैठी—''कितने में बिका!'' मुल्ला बोले—''बेगम तुम सोच भी नहीं सकती।'' आगे वह बताते जा रहे कि नीलाम बोली लगाने वाले बहुत अच्छे थे तभी तो वह दाम बाद में लगाते, पहले अपने गधे की तगड़ाई की दाद देते। बेगम! मेरा तो सीना उसकी तारीफें सुन-सुनकर ही फूल गया। एक आदमी ने तो इसका दाम सोने के दस सिक्कों में लगा दिया।

यह सुनते ही खुश होकर बेगम बोली—''तो तुमने उसे ही गधा बेच दिया न।'' ''नहीं'' मुल्ला ने जवाब दिया—''बिल्कुल नहीं, दूसरे ने पंद्रह सिक्के का दाम लगा दिया।'' सुनकर बेगम और खुश हुई—''जरूर तुमने पंद्रह वाले को ही बेचा होगा?'' ''सवाल ही नहीं उठता, तीसरे ने पूरे तीस सोने के सिक्के की बोली जो लगा दी थी।'' मुल्ला ने कहा।

''तीस सिक्के फिर तो.....'' अभी बेगम अपनी बात पूरी भी नहीं कर पाई थी कि बाहर गधे के रेंकने की आवाज सुनाई दी। वह कुछ समझ पाती इसके पहले मुल्ला ने उसे समझाया— ''आखिर मैंने सारे बोली वालों को खामोश कर डाला और इस गधे को तीस सिक्कों में फिर खरीद लिया।''

वक्त की कीमत

जिसके यहां मुल्ला कुछ दिनों से काम कर रहे थे उस मालिक ने उन्हें एक पेड़ काटकर लाने को कहा। मुल्ला ने अपनी बेहतरीन कुल्हाड़ी उठाई और चल दिए पेड़ पर हाथ आजमाने।

घंटों हाथ चलाए पर पेड़ नहीं कटा। मुल्ला पसीने में तर-बतर हो गए। शायद काटने का तरीका ठीक नहीं था, कुल्हाड़ी सीधी पड़ रही थी या हो सकता है धार ही धोखा दे रही हो। देर तक उनको कामयाबी नहीं मिली, तभी वहां से गुजर रहे

उनके एक वफादार दोस्त ने सलाह दी कि—"क्यों नहीं पत्थर पर घिसकर धार तेज कर लेते?" मुल्ला उसकी सलाह सुनकर बोले—"मैं वक्त बर्बाद नहीं कर सकता। मुझे कल तक इस पेड़ को काट लेना है।"

यह तो नामुमकिन

हबीबुल्लाह शराबी थे तो क्या हुआ, थे तो मुल्ला नसरुद्दीन के पुराने यार। जब कभी वह जुबां फिसला लेते, मुसीबत को निबटाकर मुल्ला यारी निभाते।

हबीबुल्लाह हद से ज्यादा पीते। बस चलता तो पूरा मयखाना ही पी जाते पर क्या करे.....एक शाम फिर वह पीकर काबू से बाहर हो गए। साथ पी रहे दूसरे शराबी ने कहा—"यार तुम तो कुछ घूंट पीकर ही अपने को नहीं संभाल पाते हो।"

यह सुनते ही तैश में आए हबीबुल्लाह ने लड़खड़ाती जुबां में कहा—"क्या कहा? मैं चाहूं तो पूरा समंदर पी जाऊं समझे। कितना होगा वो मेरी शराब जितना बस।" पियक्कड़ ने फिर छेड़ा—"तुम कैसे पी सकते हो? तुम नहीं पी सकते।" सुनते ही हबीबुल्लाह का पारा चढ़ गया—"यह बहुत आसान है। मैं तुम्हें बता सकता हूं। शर्त लगाओ तो मैं तुम्हें समंदर पीकर दिखाऊंगा।" पियक्कड़ भी अड़ गया—"ठीक है तुम पीकर दिखाना शर्त लगी।"

तय हुआ कि कल हबीबुल्लाह समंदर पिएगा। कुछ देर बाद होश में आने पर हबीबुल्लाह सकते में आ गया कि मदहोशी में यह कैसी शर्त लगा बैठे! भला समंदर भी पिया जा सकता है! अब क्या होगा? उन्हें खयाल आया कि मुल्ला ही उसे इस परेशानी से निकाल सकता है। जब वह नसरुद्दीन के यहां पहुंचे तो उसने पूरी बात सुनी और तसल्ली से घर जाकर सोने की सलाह दी।

अगले दिन हबीबुल्लाह समंदर पीने के लिए किनारे खड़े थे। उनके पीछे थे मुल्ला नसरुद्दीन। पास खड़ा था मयखाने वाला पियक्कड़ साथी। वह बोला—"अच्छा! अब जरा समंदर को पीकर दिखाओ?" तभी मुल्ला ने हबीबुल्लाह के कान में कुछ

कहा। हबीबुल्लाह ने थोड़ा रुककर पियक्कड़ से कहा—"जब तक मैं समंदर को पिऊं, उसके पहले तुम लोगों को समंदर में आ मिलने वाले नदी-नाले तब तक बंद रखने होंगे जब तक मैं समंदर खाली न कर दूं।"

पियक्कड़ साथी बोला—"यह तो नामुमकिन है!" हबीबुल्लाह ने जवाब दिया—"जब यह नामुमकिन है तो फिर समंदर पीना भी नामुमकिन है।"

कयामत

कहते हैं कयामत के दिन सब खत्म हो जाता है पर अभी तक यह दिन देखना बाकी है। इस दिन की अहमियत को मुल्ला नसरुद्दीन भी अच्छी तरह समझते हैं, पर कभी-कभी वे भी बातों में आ जाते।

उनके पास एक भरापूरा भेड़ था। अच्छी सेहत की वजह से वह ललचाई निगाह में बना रहता। एक दिन मुल्ला के नजदीकियों ने चालाकी से काम लिया और मुल्ला को बताया कि—"क्या तुम्हें पता है कल दुनिया खत्म होने जा रही है। क्यों न रहे-सहे लम्हों को जश्न में बिता लिया जाए।" मुल्ला को

भी यह बात जंची। उनकी 'हां' होते ही एक बोल पड़ा—"क्यों न हम यह जश्न नदी किनारे रखें, आप अपना भेड़ ले आना हम शराब लाएंगे।"

मुल्ला भी राजी हो गए और बोले—"ठीक है, आप लोग अपने बेहतर कपड़ों में आना।" दूसरे दिन दावत और जश्न के लिए वे सब अपने शानदार कपड़े लेकर नदी के किनारे जमा हुए। मुल्ला ने इस मौके पर अपना भेड़ काटा और उसे भुनने रख दिया। सबने सोचा कि जब तक भेड़ आग पर सिंक रहा है, क्यों न नहा लिया जाए। वे सब पानी में कपड़े उतार कर उतर लिए। इधर मुल्ला ने सबके नए कपड़े समेटे और आग के हवाले कर दिए।

उधर जब खूब नहाकर सारे लोग नदी से निकलने को हुए तो देखा कि किनारे पर उनके कपड़े नदारद हैं। उन्होंने मुल्ला से पूछा—"हमारे कपड़े कहां हैं?" मुल्ला ने जवाब दिया—"मैंने उन्हें भेड़ सेकने आग के हवाले कर दिया।" यह सुनते ही सकते में आए लोग रो-रोकर कहने लगे—"तुमने ऐसा क्यों क्या किया। अब हम बिना कपड़ों के कैसे निकलें, क्या करें?"

मुल्ला ने एक झटके में सबका मसला हल कर दिया। उसने कहा—"जब दुनिया कल खत्म हो ही रही है तो आप लोग कपड़ों का क्या करोगे?"

इंतजाम

वो मुल्ला का मालिक था, जाहिर है उसका वक्त परेशानी में ही गुजरता होगा। कोई मनमर्जी का मालिक मुल्ला नसरुद्दीन की मालिकी आखिर कैसे कर सकता है जब खुद मुल्ला अपनी अकल चलाने से बाज नहीं आए।

एक दिन मालिक ने मुल्ला को यह कहकर बाजार भेजा कि जाओ आधा दर्जन अंडे ले आओ। मुल्ला गए सो गए। जरा-सा काम पर लगा दिया घंटा भर। जब लौट कर आए तो मालिक गुस्से में बड़बड़ाया—"आधा दर्जन अंडे लाने में पूरा घंटा भर लगा दिया।"

मुल्ला ने जवाब में सफाई दी कि साहब! एक भी अंडा टूट न जाए इसलिए मैं एक-एक करके ला रहा था। देरी इसीलिए हुई। मालिक ने फिर डांटा—"ये भी कोई बात है, जो काम तुम्हें एक साथ करना चाहिए था उसमें इतना वक्त जाया किया।"

मुल्ला ने यह बात गांठ बांध ली कि आगे से वह मालिक का कोई काम एक साथ ही पूरा करेगा। ये वक्त की बेरुखी ही थी कि मालिक बीमार पड़ गया। बिस्तर पर पड़े मालिक ने मुल्ला को हकीम साहब बुलाने का हुकुम दिया। मुल्ला चल पड़े, पर जब लौटे तो फिर पहले की तरह घंटा भर की देरी से।

कराहते मालिक ने पूछा—"मुल्ला! तुम्हें इतना वक्त क्यों लग गया?" मुल्ला ने कहा—"हुजूर सबको साथ लाने में वक्त तो लगता है।" मालिक बोला—"सबको! सब कौन?" मुल्ला ने बताया—"हकीम साहब को लाया हूं। साथ में उस दवासाज को भी जिसकी दुकान से दवा लेनी पड़ेगी। कोयले वाले को भी ले आया, कहीं आपको गर्म करने के लिए कोयले की जरूरत पड़ी तो? उस ताबूत वाले को भी ले आया, जो ताबूत बना सके और ले जाने के लिए लोग भी वो बाहर खड़े हैं। मैंने इस बार कोई वक्त बर्बाद नहीं किया, इन सबको एक साथ लाया हूं।"

बारिश में भी सूखा

एक दिन मुल्ला नसरुद्दीन अपने गधे पर बैठकर कहीं से बुखारा शरीफ की ओर चले आ रहे थे। शहर अभी कुछ दूर था तभी जोर की बारिश होने लगी। मुल्ला ने अपने सारे कपड़े उतारकर तह किए और उन्हें गधे की पीठ पर रखी पेटी में हिफाजत से रख दिया।

वे बेफिक्र थे कि शहर से दूर वह भी इस बारिश में बिना कपड़ों के कौन उन्हें देख रहा है! शहर आते ही इधर बारिश थम गई उधर मुल्ला ने कपड़े पहन लिए। देखने वाले ताज्जुब कर रह थे कि इतनी बारिश में भी यह सूखे कैसे आ रहे हैं? एक से नहीं रहा गया। उसने पूछ ही लिया—"क्यों मुल्ला, इतनी

बारिश में भी आप तो एकदम सूखे हैं?'' मुल्ला ने कहा—''मेरा गधा खासमखास है। जहां-जहां पानी की बूंदें गिर रही थीं वहां-वहां यह मुझे बचाता हुआ चलता है, भीगने ही नहीं देता।''

गधे की खासियत सुनकर उस आदमी ने इच्छा जाहिर की कि यह गधा उसे बेच दिया जाए। मुल्ला फौरन राजी हो गए। केवल सौ सोने की सिक्कों में सौदा पट गया। अब गधा मुल्ला का नहीं रहा। उसी शाम फिर जोरदार बारिश हो गई। गधे पर बैठा उसका नया मालिक तर-ब-तर हो गया। गधा उसे भीगने से जरा भी नहीं बचा सका। गुस्से में वह आदमी गधे की लगाम पकड़े मुल्ला के दरवाजे पर आया और कहने लगा—''तुमने मुझसे झूठ बोला।'' मुल्ला ने कहा—''जरा भी नहीं, दरअसल तुम्हें गधा चलाना ही नहीं आता।'' आदमी बोला—''तो तुम ही चलाकर बता दो!'' मुल्ला ने कहा—''इसे बेचे कई घंटे हो गए हैं और इतनी देर में मैं यह भूल गया हूं कि यह चलाया कैसे जाता है।''

गधे का सिर

यहां-वहां फाका-मस्ती में घूमते फिर रहे नसरुद्दीन को रास्ते में एक गधे का कटा सिर पड़ा दिखा। उन्होंने सिर को एक बड़े

रेशमी कपड़े में लपेटा और पोटली बनाए कपड़े की दुकान पर जा पहुंचे।

दुकानदार ने पोटली देखते ही पूछा—"मुल्ला इतने वजनदार रेशम को इतने कम दाम पर क्यों बेच रहे हो?" मुल्ला ने कहा—"क्योंकि इसमें गधे का सिर लिपटा है।" दुकानदार ने सोचा कि मुल्ला मजाक कर रहा है। रेशम जैसे कपड़े में भी कोई गधे का सिर लपेटता होगा। दरअसल उसने पोटली खोलकर भी नहीं देखी और मुल्ला को वजन के हिसाब से रेशम का भारी दाम दिया।

मुल्ला तो नकदी लेकर चलते बने, पर कुछ देर बाद दुकान में जमकर बदबू फैलने लगी। दुकानदार, नौकर, ग्राहक, पड़ोसी, राहगीर सभी नाक-भौं सिकोड़े जा रहे। लोग दुकान देखते ही भागने लगते। जब दुकानदार ने रेशमी पोटली खोली, जिसे मुल्ला बेच गया था, तो वह हैरान रह गया। उसमें तो गधे का सिर सड़ रहा था।

कुछ दिन बाद जब दुकानदार को कहीं टहलते मुल्ला टकराए तो दुकानदार का पारा गर्म हो उठा। छूटते ही उसने कहा—"तुमने धोखाधड़ी की" साथ ही काफी भला-बुरा भी कहा। मुल्ला ने पहले तो सुना, फिर उलटे चिल्लाकर कहा—

''क्या बेचने से पहले मैंने तुम्हें नहीं बताया था कि इस रेशमी पोटली में गधे का सिर है।''

उबला अंडा

एक आदमी अपने मालिक का उबला अंडा चुराने के जुर्म में पकड़ा गया। मालिक की निगाह में यह जुर्म बेहद संगीन था, क्योंकि उस अंडे से उसकी बड़ी हसरतें जुड़ी थीं। वह अंडा उसे लखपति भी बना सकता था, ऐसा उसका भरोसा था जो चोरी के वाकये से टूट गया। लिहाजा उसने मामला अदालत पहुंचाया और खुद भी चोर की गर्दन दबोचे फरियाद के लिए काजी साहब से गुहार लगाने लगा।

मालिक की दलील थी कि अंडा सेने के बाद उसमें से चूजा निकलता। चूजा बड़ा होकर एक खूबसूरत मुर्गी बनता। फिर वह मुर्गी कई अंडे देती जिनके चूजे बेचकर वह अमीर बन सकता था, पर चोर ने भारी नुकसान कर दिया। अब उसे हर्जाना दिलाया जाए।

काजी साहब ने चोर को सफाई देने या हर्जाना भरने के लिए एक दिन का वक्त दिया। वो आदमी जिस पर अंडा चोरी

का इलजाम लगा था आखिर मुल्ला के पास पहुंचा और उन्हें पूरी बात बताई। मुल्ला ने उसे सब्र बंधाया और बतौर गवाह के खुद अदालत में आने की हामी भर दी।

अगले दिन काजी साहब को फैसला देना था। आरोपी और फरियादी तो मौजूद थे, पर गवाह का कहीं पता नहीं। बहुत देर होने से काजी भी खीजे जा रहे थे। तभी मुल्ला नसरुद्दीन अदालत में तशरीफ लाए। उन्हें आता देख गुस्साए काजी ने कहा—"कहां थे तुम इतनी देर से?" मुल्ला ने कहा—"साहब! मैं गेहूं उबाल रहा था, क्योंकि कल उन्हें बोना है।" काजी ने कहा—"कहीं उबले गेहूं भी बोये जाते हैं?" मुल्ला ने क़हा—"जब उबले गेहूं नहीं बोये जाते, तो उबले अंडे कैसे सेके जाते हैं?".....और इस दलील पर वह आदमी बरी हो गया।

बकरे का सिर

मुल्ला नसरुद्दीन ने ताउम्र शैतानी की पर अपनी अकल से। बड़े तो वह बाद में हुए, पहले वह बच्चे थे। बस, तभी से अकलमंदी का फितूर उनके सिर चढ़कर बोला करता था।

उनके बचपन का एक वाकया है। अब्बाहुजूर ने उन्हें पैसे देकर बाजार से बकरे का कटा-भुना सिर खाने के लिए मंगाया। मुल्ला ने वह लिया भी पर रास्ते में उनकी जीभ मचलने लगी। बस, फिर क्या था। उन्होंने थोड़ा-थोड़ा करके उसे खा लिया, रह गई हड्डी भर।

खोपड़ी लिए जब वह घर आए तो अब्बा ने पूछा—"बेटा ये क्या है?"

मुल्ला बोले—"अब्बाहुजूर, बकरे का सिर।"

"अच्छा! उसके कान कहां हैं?" अब्बा बोले।

मुल्ला ने कहा—"बेचारा! बहरा था।"

अब्बा बोले—"तो इसकी आंखें कहां हैं?"

मुल्ला ने कहा—"बेचारा गरीब अंधा था।"

अब्बा बोले—"तो इसकी जुबान कहां है?"

मुल्ला ने जवाब दिया—''इस बेचारे के पास कुछ नहीं था।''

''तो फिर इसमें ऐसा क्या था जो तुम इसे खरीद लाए।'' अब्बा का यह सवाल सुनते ही मुल्ला ने पलटकर कहा—

''अब्बा इसके दांत बहुत अच्छे थे इस वजह से मैं.....'' अभी उनकी बात पूरी नहीं हुई थी कि अब्बा यह कहते हुए मुल्ला के पीछे दौड़ पड़े कि—''दांत तो तुम्हारे भी अच्छे हैं, और मैं इन्हें तोड़ूंगा।''

खुदा खैर करे

पड़ोसी मुल्क के बादशाह पर तमाम लड़ाइयां फतह करने और शहरों के नाम रखने का जुनून था। एक बार मुल्ला से वह बोला—''मुल्ला जितने भी शहर या मुल्क होते हैं उनके नाम खुदा के नाम पर रखकर उन्हें इज्जत बख्शी जाती है—जैसे, मेहरबानी खुदा या खुदा मेहरबान, दाता, शरीफ वगैरह-वगैरह। अब तुम मुझे कोई ऐसा नया नाम बताओ जो मैं रख सकूं।''

मुल्ला ने सुझाया—''खुदा न करे ऐसा हो।''

खो गई नींद

कुछ मन और कुछ मौसम खराब था तभी नसरुद्दीन आधी रात बुखारा की गली में टहल रहे थे। तभी चौकसी पर निकले एक पहरेदार ने उन्हें पकड़ लिया। उसे कुछ शक था, कुछ सुबहा। उनसे पूछा—"मुल्ला इतनी रात को गली में क्या कर रहे हो?"

मुल्ला ने जवाब दिया—"कुछ नहीं, मेरी नींद खो गई है, उसी को देख रहा हूं।"

भिखारी

बुखारा के बाजार में सुबह-सुबह भिखमंगे भी बोहनी की तैयारी में थे तभी उन्हें मुल्ला नसरुद्दीन आते दिखे। यह देख भिखारी-मंगतों में उम्मीद की किरण जाग गई—"जरूर यह कुछ तो दे ही जाएगा?" यह सोचकर वे अपने फोड़े और अपंगता की नुमाइश करने लगे। "दे दे, दे दे अल्लाह के नाम पर दे दे। अल्लाह की राह में कुछ तो देता जा।" यह सुनकर चिढ़ते हुए मुल्ला ने कहा—"मुझे अल्लाह के वास्ते माफ करो यारों, मैं भी तुम्हारा ही भाई बंद हूं और ऐसे आदमी को खोज रहा हूं जो मुझे फौरन 400 सोने के सिक्के उधार दे सके।" यह कहकर

वह तो आगे बढ़ लिए पर भिखारियों ने उन पर गालियों की बौछार कर दी।

कुछ नहीं कहा

जब नसरुद्दीन तैमूरलंग के दरबार में मसखरे की नौकरी किया करते थे, तब एक दिन तैमूर के दिलो-दिमाग में कुछ ऐसे खयाल आए जो दूसरे जहां के बारे में हुआ करते हैं।

तैमूर जन्नत, जहन्नुम और दोजख के बारे में सोच रहा था। खुदा से बात करने का बड़ा मन था। अकेले खामोश बैठा तैमूर मुल्ला से बोला—"खुदा मुझसे बातें करते हैं।" तभी मुल्ला ताज्जुब से बोल पड़े—"पर मैंने तो कुछ कहा नहीं।"

पता नहीं

नसरुद्दीन एक बार किसी अनजान शहर की गलियों में भटक रहे थे। वह यहां के चप्पे-चप्पे से नावाकिफ थे और जानने की फिराक में थे तभी एक आदमी उनके नजदीक आया और पूछने

लगा—"जनाब! आज कौन-सा दिन है?" मुल्ला नसरुद्दीन ने धुन में जवाब दिया—"मैं अभी इस शहर में नया हूं, इसलिए

यहां के दिन से वाकिफ नहीं हूं, आप किसी और शहरी से पूछ लें जो यहां का वाशिंदा हो।"

उम्र

मुल्ला के पीछे लोग और लोगों के पीछे मुल्ला हाथ तो कभी मुंह धोकर पीछे पड़े रहते। लोग उन्हें छेड़ने से बाज नहीं आते। अब उस दिन का ही वाकया लो, उस नामुदाद ने जाने कैसे यह हिम्मत कर डाली और पूछ लिया—"मुल्ला तुम कितने साल के हो?"

मुल्ला ने जवाब दिया—"मैं अपने भाई से तीन साल बड़ा हूं।"

वह बोला—"पर एक साल पहले तो तुम दो साल बड़े थे!"

मुल्ला ने फिर जवाब दिया—"हां, अब एक साल बीत गया, वह नहीं जो है।"

पैसा दो तकरीर नहीं

नसरुद्दीन को हमेशा की तरह इस बार भी पैसों की दरकार थी। वे यह बात अच्छी तौर पर जानते थे कि उनकी कमी को आम आदमी तो भर नहीं सकता, क्यों न अमीरों को टटोल कर देखा जाए कि कितना पैसा मिल सकता है।

मुल्ला एक अमीर के यहां पहुंचे और उससे हजार सोने के सिक्के की खैरात देने की गुजारिश की। यह सुनते ही अमीर ने पूछा—"मुल्ला तुम जैसे मामूली आदमी को इतने पैसे क्यों चाहिए?"

मुल्ला ने कहा—"मैं एक हाथी खरीदना चाहता हूं।"

अमीर बोला—"अगर तुम्हारी इतनी हैसियत नहीं है, तुम्हारे पास इतने पैसे भी नहीं हैं तो फिर तुमने हाथी देखा भी क्यों?"

तैश में आ चुके मुल्ला चिल्लाए—"देखो! मैं तुम्हारे पास पैसे मांगने आया था तकरीर सुनने नहीं।"

इतना-सा कर्ज़

यह तो मुल्ला नसरुद्दीन के ही दिमाग का कमाल था जो बड़ा कर्ज़ा लेकर भी वह कलेजा संभाले हुए थे। उन्हें कर्ज़ देने वाला दुकानदार कई दिन से इस फिराक में था कि कब मुल्ला नजर आएं और वह तक़ाजा पूरा करे।

एक दिन मुल्ला कन्नी काटकर बाजार से गुजर ही रहे थे कि अचानक दुकानदार जोर से चिल्लाया—"मुल्ला! मुल्ला! तुम मेरा कर्ज़ चुकाने में नाकाम रहे हो।" यह सुनकर मुल्ला को बड़ी शर्मिंदगी उठानी पड़ी। उन्हें लानत-सा महसूस हुआ पर सब्र बांधकर उन्होंने अपना दिमाग दौड़ा ही दिया। मुल्ला ने दुकानदार से बड़े अदब के साथ पूछा—"मेरे अजीज! बताओ तो जरा, मुझे कितना कर्ज़ चुकाना है?"

दुकानदार ने याद दिलाया—"पचहत्तर सोने के सिक्के।" दुकानदार को गुस्सा आए जा रहा था पर तभी मुल्ला जोर से बोलने लगे— "आप जानते हैं मैं पैंतीस सिक्के तो कल दूंगा और बाकी पैंतीस अगले महीने। अब रह गए केवल पांच? इसका मतलब है मैं अभी केवल तुम्हारे पांच सिक्कों का कर्ज़दार हूं और पांच सिक्कों के लिए इतना हल्ला!"

ज्यादा गलत

कोई मेहमान बनकर नसरुद्दीन के यहां रुका और उनके चाहने पर भी जाने का नाम नहीं ले रहा था। मुल्ला के ताल्लुक उससे अब मीठे नहीं बल्कि झुंझलाहट-भरे हो चले थे।

एक रात उस मेहमान को गुसलखाना जाना था। अंधेरे की वजह से उसने मुल्ला से कहा—"तुम मुझे वह चिराग दे दो जो तुम्हारे उलटे हाथ की तरफ रखा है।" खार खाए बैठे मुल्ला ने जवाब दिया—"क्या तुम पागल हो! मेरे उलटे हाथ की तरफ सीधे हाथ के मुकाबले ज्यादा अंधेरा है।"

आलसी कौन

मुफलिसी के दिनों में नसरुद्दीन एक बार हम्माल बन गए। बोरी उठाना-ढोना उनके बस का नहीं था, पर ढोना तो था ही। वे दरवाजे पर पहरेदारी भी करते, बोरी भी ढोते।

एक शख्स ने, जो कई दिनों से वहां उन्हें देख रहा था, पूछ ही लिया—"मुल्ला, सब तो दो-दो बोरी उठाकर लाते हैं और तुम तो एक ही....." सुनते ही मुल्ला बोले—"मैं बाकी मजदूरों जैसा आलसी नहीं हूं। वह तो क्या है कि मेरी दो चक्कर लगाने की इच्छा ही नहीं रहती।"

वहीं ठीक हो

मुल्ला के करीबी समझे जाने वाले नूर मोहम्मद एक दिन लंबे सफर पर निकले। वह रास्ते में पड़ी एक नदी के इस पार मजे से चल ही रहे थे कि तभी उनकी निगाह नसरुद्दीन पर पड़ी जो दूसरे किनारे पर चले जा रहे थे। यह देख उन्होंने आवाज लगाई—"मुल्ला! क्या तुम उस तरफ आने में मेरी मदद कर सकते हो?"

मुल्ला ने पहले नूर फिर दरिया पर निगाह डाली और पिंड छुड़ाने का खयाल कर हाथ से नापते हुए कहा—"तुम वहीं सही हो।"

फिजूल का तोहफा

जेरूसलम जा रही गाड़ी में सफर करते मुल्ला ने सोचा भी नहीं था कि कुछ अनसोचा हो जाएगा। गाड़ी बड़ी पुरानी थी, सो उसमें उजाले के इंतजामात तो होने से रहे। जिस तरफ मुल्ला बैठे थे, बगल ही में एक नन और मियां रब्बी भी सफर कर रहे थे।

गाड़ी एक अंधेरी सुरंग को पार कर ही रही थी कि तभी 'चटाक!' आवाज हुई और मुल्ला देर तक अपना गाल सहलाते रहे। दरअसल हुआ यह था कि इसके पहले जाने कैसे एक चुंबन की आवाज हलके से आई और बदले में एक जोरदार चांटा, जो नन की तरफ का तोहफा जान पड़ता था, मुल्ला को रसीद हो गया।

बेचारे मुल्ला गाल सहलाए जा रहे और कोशिश कर रहे कि माजरे को समझा जाए, पर यह आसान नहीं था कि अंधेरे में किसने क्या कर दिया। वह सोच रहे थे कि पहले कहीं से चुंबन की आवाज तो हुई थी पर यह चांटा उन्हें क्यों? मुल्ला ने अंदाजा लगाया कि जरूर रब्बी ने नन से कोई हरकत की होगी जिसका खामियाजा ग़लतफ़हमी में वह भुगत रहे हैं। उधर नन ने सोचा मुल्ला ने उसका चुंबन लेना चाहा होगा, मिल किसी और को गया, सो उन्हें चांटा पड़ा है। रब्बी ने सोचा—"जो भी हुआ, अच्छा ही हुआ। अगली बार जब यह गाड़ी किसी अंधेरी सुरंग से निकलेगी तो मैं चुंबन की आवाज निकाल कर मुल्ला को फिर एक चांटा दूंगा।"

जलता पानी

अजीब बात है कि लोग गर्मी में प्यास से बेहाल होते हैं, पर मुल्ला नहीं। ऐसा इसलिए कि उनकी प्यास सर्द रात में ज्यादा होती है। एक रात जब उनका गला जोर से सूखा तो वह पानी पीने छोटे कुएं की ओर गए। एक हाथ में जलती लालटेन थी तो दूसरे हाथ से सिर की पगड़ी ठीक किए जा रहे थे।

पानी पीने मुल्ला आधी नींद में लड़खड़ाते हुए कुएं की ओर जा रहे थे, लिहाजा वहीं पड़े एक पत्थर पर उनका ध्यान नहीं गया। नतीजा यह हुआ कि एक ठोकर में मुल्ला तो इधर गिरे और लालटेन उधर, पर परेशानी तब खड़ी हो गई, जब लालटेन फूट गई। उसका तेल बाहर फैल गया और मुल्ला की पगड़ी भी उसी में जा गिरी।

मुल्ला जैसे-तैसे उठे और कपड़े झाड़कर ऊपर देखा तो वाकई में तारे नजर आ रहे थे, तभी उनकी निगाह लालटेन की आग से जलती अपनी पगड़ी पर पड़ी। बस फिर क्या था। वह जल्दी से दौड़े और पगड़ी का एक छोर पकड़कर कभी उसे गोल होकर दौड़ लगाते, कभी उस पर कूदने लगते। यह सब वह आग बुझाने के लिए कर रहे थे। तभी आवाज सुनकर उनकी बेगम की भी आंख खुल गई। उसने जब मुल्ला को बाहर पागलों

की तरह पगड़ी पर कूदते-चिल्लाते देखा तो पूछा—"ताज्जुब है, इतनी रात को यह क्या कर रहे हो?"

मुल्ला बोले—"कुछ नहीं बेगम, मैं सिर्फ पानी पी रहा हूं।"

बहस में जीत

एक समय पोप ने मुसलमानों को जेरूसलम छोड़ने का हुक्म दे दिया। जब इससे फिक्र और मसला खड़ा हो गया तब पिघलकर पोप ने रियायत दी कि जब कोई उसे बहस में हरा देगा तब ही वह अपने फरमान से पीछे हटेगा।

जेरूसलम के फिक्रमंद मुसलमानों ने कोई रास्ता नहीं जानकर मुल्ला नसरुद्दीन को ही इस लायक माना जो पोप की बहस में ठहर पाए! मुस्लिमों का मानना था कि शहर में मुल्ला ही सबसे अकलमंद है, इसलिए अब उसके हाथ में ही लाज है।

बहस का दिन आ गया। मुल्ला ने तय किया कि वह इशारे से ही बात करेगा। पोप भी राजी था। पोप को अपने रूहानी इल्म पर बड़ा नाज था पर मुल्ला तो ठहरे शैतानिया दिमाग, हर जोड़ का तोड़ उनके पास मौजूद होता था। हर दांव का पेंच वह अच्छी तरह समझते थे, इसलिए जब बहस की जगह बाहर लोगों की भीड़ कौतूहल से जमा थी, वहीं मुल्ला बेफ्रिक से थे।

शुरुआत की पोप ने। उसने अपना हाथ उठाया और तीन उंगलियों से पवित्र निशान का इशारा किया। मुल्ला ने इधर देखा, उधर देखा और अपने बीच की उंगली उठा दी। पोप ने उंगलियों का घेरा चारों तरफ किया तो मुल्ला ने नीचे देखा। दरअसल पोप कहना चाह रहा था कि ईश्वर सब जगह है पर वही बात मुल्ला ने कुछ ऐसे इशारे से बता दी कि वह तो इस जगह भी है।

पोप मुल्ला की बातों भरे इशारे देख दंग रह जा रहा था। फिर पोप ने एक रोटी और शराब का गिलास मंगाया और बताया कि यह किस तरह से ईसा का शरीर है जो खून में नहा गया।

उधर मुल्ला ने फौरन अपनी जेब में हाथ डालकर एक लाल सुर्ख सेब निकाला और उसे देखते ही पोप सन्न रह गया। सेब का मतलब उसने खून में सना शरीर लगाया था। अब पोप को मुल्ला के आगे देर तक ठहर पाने की गुंजाइश कम ही लगी, सो उन्होंने मुल्ला की ढेर सारी तारीफ करते हुए अपना फरमान वापस ले लिया।

उसी से ठंडा, उसी से गर्म

बुखारा के पास एक गांव में कड़ाके की सर्दी में ताप रहे लोग फुरसतिया किस्म के थे, जो वक्त बरबाद करने फालतू की बहस में उलझे थे। बात चल पड़ी 'मुल्ला नसरुद्दीन' को लेकर।

एक ने कहा—"मुल्ला जरा भी चालाक नहीं है। असलियत में तो वह है ही मूर्ख और बेवकूफ। वो तो कभी कोई बात तुक्के की तरह कर बैठता है।" दूसरे ने कहा—"तुम ऐसा कैसे कह सकते हो? हम तो नहीं मानते। तुम्हारी बात का क्या सबूत?"

यह सुनकर वह आदमी तैश में आ गया और बोला—"हां, दे सकता हूं। मैं जब एक बार सर्दियों के वक्त उसके घर गया तो मैंने देखा कि वह कोने में एक ओर बैठा हाथ ताप रहा था। जब मैंने उससे पूछा—"क्या कर रहे हो?" तो उसने जवाब दिया—"अपने ठंडे हाथों को गर्म करने की कोशिश कर रहा हूं।"

कुछ देर बाद उसकी बेगम वहां आई और एक रकाबी में गर्मागर्म शोरबा रख गई तो मुल्ला अपने हाथ उसमें डालने लगा। जब मैंने उससे ऐसा करने की वजह जाननी चाही तो उसने कहा—"मैं शोरबे को ठंडा करने के लिए हाथ डाल रहा हूं।" "साहेबान अब आप ही लोग बताओ कि उसे अकलमंद या चालाक कैसे माना जाए! वह अपने हाथ जैसे गर्म करता है, वैसे ही ठंडा भी। क्या कोई चालाक आदमी एक ही काम दो अलग-अलग चीजों के लिए करेगा?"

रिश्वत

एक मनहूस दिन मुल्ला किसी उलटे-सीधे आदमी से उलझ पड़े। हाथ-पैर तो नहीं चले, जुबानें खूब चलीं। बहस निपटे तो कैसे यह खयाल कर लोग दोनों को शहर के काजी के सामने ले गए। लोगों का कहना था कि मुल्ला सही है या गलत और वह आदमी सही है या गलत, इसका फैसला तो काजी साहब ही ज्यादा ठीक कर पाएंगे।

जब काजी के सामने दोनों शख्स हाजिर किए गए तो मुल्ला ने तुरंत उनका ध्यान इशारे से अपने बगल में दबे तोहफानुमा कोई चीज की ओर दिलाया। काजी ने भांप लिया कि हक में फैसला होने पर मुल्ला उसे जरूर कोई तोहफा देगा।

लालच में आए काजी ने बड़ी जल्दी फैसला सुना दिया। मुल्ला सही और वह आदमी गलत साबित हुआ। अब काजी ने जल्दी से सारी भीड़ को अहाते से बाहर हो जाने का हुकुम दिया। भीड़ के जाते ही काजी ने मुल्ला को अपने पास बुलाया और फुसफुसाते हुए कहा—"देखो मैंने तुम्हारे हक में फैसला दिया है। अब तुम जल्दी से अपनी बगल में दबा तोहफा मुझे नजर कर दो।"

यह सुनते ही मुल्ला ने चौंककर कहा—"तोहफा! कैसा तोहफा! मैं तो बगल में एक पत्थर दबाकर लाया था ताकि फैसला मेरे खिलाफ होने पर मैं उससे तुम्हारा सर फोड़ सकूं।"

मैं नहीं तो सजा

कभी-कभी अपनी बात से मुकर कर भी कोई हालात या फैसला अपने हक में कराना होता है। ऐसा ही एक वाकया नसरुद्दीन के साथ हुआ। जब वे काजी थे तब पड़ोसी फरियाद लेकर आया—"एक आदमी की गाय दूसरे आदमी की गाय को मार दे तो क्या पहले आदमी की गाय को जिम्मेदार ठहराया जाएगा?" सुनते ही काजी नसरुद्दीन बोले—"यह तो हालात पर निर्भर है।" वह आदमी भी कम शातिर नहीं था। घुमा-फिरा कर मुल्ला को

चपेट में लेने की फिराक में जो रहता आया था। उसने फौरन बात आगे बढ़ाई और कहा—"तुम्हारी गाय ने मेरी गाय को मार दिया!"

अब नसरुद्दीन के आगे सिवाय मुकरने के कोई चारा नहीं था, फिर भी उन्होंने बात घुमाई—"गाय कोई इनसान की तरह तो सोच नहीं सकती लिहाजा वह कसूरवार नहीं है।" आदमी बोला, "तो, इसका मतलब यही है कि उसका मालिक भी जिम्मेदार नहीं है। मैं आपसे माफी चाहता हूं, दरअसल मेरी गाय ने ही आपकी गाय को मार दिया।"

मुल्ला क्या करते? थोड़ा सोचा, फिर बोले—"ये इल्जाम इतना आसान नहीं है जितना कि मैंने पहले कहा।" यह कहते हुए उन्होंने जल्दी से सजा की किताब लाने का हुक्म दे दिया।

बताओ क्या है

अब हर बार मुल्ला अपना पेट मुंह में रखकर ही बोलें, ऐसा तो मुमकिन था नहीं। बोलना उनकी आदत और शर्त लगाना उनकी कमजोरी जो थी। एक बार बाजार से उन्होंने कई खूबानी खरीदी और उन्हें जेब में ठूंसकर निकल पड़े। रास्ते में उन्हें पेड़ के नीचे कुछ लोग बैठे दिखे तो वह भी वहां ठहर लिए।

अचानक उन्हें जाने क्या सूझा कि वह उन अजनबियों से शर्त लगाकर कहने लगे—"तुममें से अगर कोई यह बताए कि मेरी जेब में क्या है तो मैं उसे सबसे बड़ी खूबानी दूंगा?"

खूब रही खीर

उस दिन नसरुद्दीन की कई दिनों की चाहत पूरी हो गई। बेगम ने गरमागरम स्वादिष्ट खीर जो बनाई थी। नसरुद्दीन की बेगम वैसे भी बनाने-खिलाने में माहिर थी और खुद नसरुद्दीन भी बनवाने और खाने में। वह सब्र नहीं कर पा रहे थे कि खीर ठंडी हो पाए, इसलिए उन्होंने गरम खीर ही खाना शुरू कर

दिया। जब खा नहीं पा रहे थे तो 'सुप-सुप' करके पीना शुरू कर दिया। उन्हें लग रहा था कि खीर सिर्फ उनके लिए ही बनी है और इसे गरम-ठंडी जैसे भी जितनी जल्दी हो पाए, पेट के अंदर पहुंचा लेनी चाहिए।

बेगम को भी पता था कि मुल्ला खीर के बेहद शौकीन हैं, तो वह भी उनका कटोरा खाली नहीं होने दे रही थी। "थोड़ी और", "थोड़ी और", "हां, हां क्यों नहीं" यही चल रहा था। हद हो गई तो बेगम ही बोली—"अब कुछ कल के लिए भी तो छोड़ दो।" होंठों पर जीभ फिराते, उंगली चाटते मुल्ला राजी हो गए—"हां, यह अच्छा रहेगा।"

आधी रात को भी मुल्ला करवटें बदलकर नींद में सिवाए खीर के और कुछ नहीं देख पा रहे थे। बेचैनी बढ़ी तो बेगम से फुसफुसाकर बोले—"बेगम, बेगम! मुझे एक बड़ा अच्छा ख़्याल दिमाग में आया है, जरा पूछो तो?"

बेगम बोली—"सो जाओ, कल बताना।" पर मुल्ला कहां मानने वाले थे। वह उसे उकसाते रहे। मजबूरन बेगम को उठना पड़ा। उठते ही वह बोली—"क्या है, जल्दी बताओ। मुझे तो जोरों की नींद आ रही है।" मुल्ला बोले—"पहले जरा खीर

का कटोरा तो ले आओ।'' बेगम बोली—''ठीक है।'' यह कहकर वह खीर का कटोरा लेने चली गई। जब वह ले आई तो मुल्ला ने उसके हाथ से जल्दी से कटोरा लिया और खीर गटकना शुरू कर दिया।

खीर खत्म होते ही बेगम बोली—''अब तो बता दो! कौन सा ख़्याल आधी रात को आया है?'' मुल्ला ने मासूमियत से कहा, ''हां, वह यह कि खीर कल बचाने से अच्छा है उसे आज ही ताजी हालत में खा लिया जाए।''

कल सुनेंगे

एक काली-सी रात में नसरुद्दीन अपने एक शागिर्द के साथ घर को लौट रहे थे कि रास्ते में उन्हें चोरों का एक झुंड दिखा जो किसी घर का ताला तोड़ने में मशगूल था। नसरुद्दीन ने हालात का जायजा लिया और बजाय चोरों से उलझने के चुपचाप खिसकने में ही खैरियत समझी।

उन्होंने शागिर्द को खिसकने का इशारा किया पर शागिर्द समझना चाहता था कि वहां हो क्या रहा था। उसने मुल्ला से पूछा—''वहां जो आदमी खड़े हैं, वे क्या कर रहे हैं?'' मुल्ला

ने बताया—''मौसिकी सुन रहे हैं।'' ''लेकिन मुझे तो कुछ आवाज सुनाई ही नहीं दे रही।'' शागिर्द ने फिर पूछा। उसे खींचते हुए फुस-फुसाकर मुल्ला बोले—''हमें ये मौसिकी कल सुनना चाहिए।''

माफ करना

सजा और इनाम में भला क्या अदल-बदल! कोई गलती पर माफी मांगे तो उसे वह दे डालो। अगर नहीं दो, तो वक्त ही खराब होता है। एक दिन नसरुद्दीन को भरे बाजार में किसी ने चांटा जड़ दिया। मुल्ला सन्न रह गए। अचानक उस आदमी को अपनी गलती का अहसास हुआ और वह बोला—''माफ करना, मैंने तुम्हें कोई और समझकर मार दिया।'' पर नसरुद्दीन कहां उसे माफ करने वाले थे? वह उसकी गिरेबान पकड़कर ले गए काजी के सामने।

काजी ने दोनों की सफाई सुनी। फिर सलाह दी—''नसरुद्दीन, तुम भी बदले में चांटा मार दो। मसला खतम!'' पर वह नहीं माने। तब काजी ने यह भी सहूलियत दे दी कि तुम एक सोने का सिक्का भी नसरुद्दीन को दो। वह आदमी सिक्का लेने का बहाना कर खिसक लिया। काफी देर हो गई तो मुल्ला खड़े हुए और उन्होंने एक जोरदार चांटा काजी साहब को रसीद किया और कहा—''मुझे बहुत सारा काम है और वक्त भी कम है, इसलिए जब वह आदमी लौटकर आए तो इस चांटे के बदले उसे रख लेना।''

नया हज्जाम

वह नया-नया हज्जाम था। यूं समझें अनाड़ी ही रहा होगा और नसरुद्दीन उससे अपने बाल हलाल कराने पहुंच गए। लोगों ने समझाया भी—''मुल्ला, किसी मंझे हाथ वाले के यहां सिर पर कैंची-उस्तरा आजमाओ, कहां चल दिए?'' समझदार कहते भी

तो हैं कि बगैर तजुर्बे का हज्जाम या हकीम के पास गए तो पैसा तो गया ही तबीयत भी खराब हो जाती है।

नया हज्जाम उनके सिर पर कैंची चलाता तो बाल कम और खाल ज्यादा कटती। बार-बार वह खून की जगह रूई रखता। जब आधा सिर रूई से भर गया तो अब मुल्ला से नहीं रहा गया। उन्होंने कुर्सी से उतरकर गले से लिपटा कपड़ा एक तरफ झटका और तनमनाकर बोले—"बहुत हो गया! आधे सिर पर तुम रूई रख चुके हो। अब आधा तो मेरे लिए छोड़ दो, ताकि मैं उस पर अलग-अलग रंग के फूल उगा सकूं।"

सयाना बचपन

यह बात उन दिनों की है जब नसरुद्दीन बच्चा था, वह भी मात्र सात साल का। लेकिन भेजा तब भी कम नहीं था। अक्ल हमेशा काया से आगे चलती है। तभी तो वह सुल्तान को भी होशियारी दिखाने से बाज नहीं आए।

नसरुद्दीन मदरसे की तरफ जा रहा था, तभी रास्ते में सुल्तान बुखारा की सवारी निकली। नसरुद्दीन को जरा जल्दी थी, सो उसने सुल्तान का रास्ता काटकर भाग निकलने की गुस्ताखी कर दी। यह तो अच्छा था कि उस दिन सुल्तान अच्छे ही मिजाज में था, वर्ना....।

सुल्तान ने नसरुद्दीन की जल्दबाजी देखी तो उसे अपने पास बुलवाकर पूछा—"ऐ छोटे बच्चे, तुम कहां जा रहे हो?" नसरुद्दीन को अनजान आदमियों से बात करने में माहिरी थी। उसने फौरन जवाब दिया—"हुजूर, मदरसे को जा रहा हूं।" सुल्तान ने उस पर मेहरबानी दिखाई—"ठीक है, यह लो सोने की एक दीनार और अपने लिए कोई कुल्फी खरीद लेना।"

यह पेशकश नसरुद्दीन ने तत्काल ठुकरा दी और कहा—"मैं नहीं ले सकता, क्योंकि मेरे वालिद को पता चलेगा तो वह मुझे बुरी तरह मारेंगे।" सुल्तान ने कहा—"फिक्र मत करो, कह देना किसी अनजान शख्स ने दिया था।" नसरुद्दीन ने कहा—

"लेकिन अब्बा मेरा भरोसा थोड़े ही करेंगे।" सुल्तान बोला—"कहना, सुल्तान ने दिया है।" नसरुद्दीन ने कहा—"तब तो वह जरा भी भरोसा नहीं करेंगे।" सुल्तान ने पूछा—"क्यों नहीं करेंगे?" नसरुद्दीन बोला—"इसलिए कि सुल्तान, और एक दीनार! यह तो हो ही नहीं सकता। अगर आप थैली भरकर दीनार देते तो शायद वह भरोसा कर लेते कि इतनी रकम तो सिर्फ सुल्तान ही दे सकता है।"

यह सुनते ही सुल्तान नसरुद्दीन की होशियारी और चालाकी का कायल हो गया और उसने सोने के दीनार से भरी एक थैली उसे दे दी।

यह ठीक है

एक बार नसरुद्दीन काजी की कुर्सी पर बैठ गए। ज्यादा मालुमात तो थी नहीं कायदे-कानून की, पर अक्ल और इत्तेफाक से ही उम्मीद बनती है।

कचहरी में जमीन का मामला सामने आया। दो शख्स और जमीन एक। दोनों के वकील जमकर पैरवी किए जा रहे थे। पहले वकील की दलीलें सुनकर मुल्ला उर्फ काजी नसरुद्दीन

ने कहा—"ठीक है।" अब दूसरे वकील ने अपनी दलीलें पेश कीं। सुनकर मुल्ला काजी बोले—"ठीक है।" तभी बीच में मुंशी बोला—"लेकिन हुजूर, ये दोनों ही तो सही नहीं हो सकते!" मुल्ला बने काजी ने और भी भरोसे के साथ दोहराया—"यह ठीक है।"

लालची हकीम

कई बार ऐसा भी होता है कि मर्ज कितना भी गहरा हो, हकीम साहब या दवा-दारू का खर्चा सारी बीमारी भगा देता है।

एक बार नसरुद्दीन बहुत बीमार पड़ गए। उनकी बेगम को उनकी हालत देखकर भरोसा हो गया कि अब ये नहीं बचेंगे, इसलिए वह हकीम साहब के पास दौड़ी-दौड़ी पहुंची। हकीम साहब के पास जाकर उसने एक सांस में कह डाला—"हकीम साहब, मेरे खाविंद बहुत बीमार हैं। हम बहुत गरीब हैं। हमारे बहुत सारे बच्चे भी हैं। मैं बहुत डर रही हूं कि कहीं उनको कुछ हो गया तो मेरे बच्चों की देख-रेख कौन करेगा?"

हकीम साहब थे तो लालची, फिर भी उन्हें कहना पड़ा—"तुम क्यों मेरे जैसे ईमानदार शख्स के लिए परेशानी खड़ी कर रही हो? माना तुम बहुत गरीब हो, अगर मैं तुम्हारे लिए दवाएं लिख भी दूं तो तुम खरीदोगी कैसे?"

मुल्ला की बीवी मायूस होकर घर गई और अपने शौहर को हकीम साहब का कहा बताया। यह खुदा का शुक्र था कि जाने कैसे नसरुद्दीन बच गए। ठीक होते ही वह हकीम के यहां पहुंचे और बोले—"जी, मैं यहां आपका शुक्रिया अदा करना चाहता हूं कि मैं भला-चंगा हो गया हूं।" हकीम ने पूछा—"पर मैंने तो तुम्हारा इलाज किया ही नहीं, फिर कैसा शुक्रिया।" नसरुद्दीन बोले—"इसी बात का तो कि तुम्हारा गंदा साया मेरे ऊपर नहीं पड़ा। खुदा ही जानता है, मैं कैसे बचा हूं?" सुनते ही हकीम साहब का मुंह लटक गया।

वैसा ही आसान

मियां बखरुद्दीन की एक बड़ी ही गलत आदत थी कि वह पड़ोसी और वह भी मुल्ला जैसे 'नेक' इनसान का हमेशा गलत फायदा उठाते थे। बखरुद्दीन ने तो जैसे किसी का मांगा कभी नहीं लौटाने की कसम-सी खा रखी थी। मुल्ला उसकी यह खराब आदत अच्छी तरह जानते थे इसलिए जरा होशियार हो गए।

उस दिन बखरुद्दीन आया और बोला—"नसरुद्दीन, क्या तुम्हारे पास मुझे देने के लिए कपड़े की एक पट्टी है?" मुल्ला ने जवाब दिया—"है तो सही। और मैं दे भी देता, पर क्या करूं, मैं उस पर आटा सुखा रहा हूं।" अचरज से बखरुद्दीन ने पूछा—"आटा सुखा रहे हो! मगर कपड़े की पट्टी पर कोई कैसे आटा सुखा सकता है?"

अब शंका दूर करने की बारी मुल्ला नसरुद्दीन की थी। वह बोले—"यह कोई मुश्किल नहीं है। जैसे तुम पड़ोसी का मांगा वापस नहीं करते, वैसे ही यह भी बिल्कुल उसी तरह आसान है।"

खूबसूरत बीवी

अपनी-अपनी बीवी पर सबको बड़ा नाज होता है, अगर वह खूबसूरत हो तो। भला नसरुद्दीन फिर क्यों न इतराएं! उनकी एक बीवी खूबसूरत जो थी। कुछ जलने वाले पड़ोसी एक दिन मौका देखकर उनके कान भरने चले आए—"तुम्हारी बीवी पूरे दिन बाहर वालों को घूरती रहती है और दिन-रात शहर में घूमती भी है। तुम्हें उस पर नजर रखनी चाहिए।"

मुल्ला ने जब सबकी सुन ली, तब अपनी कही—"मैं कैसे मान लूं कि यह बात सही है? अगर वह सच में घूमती होती तो रोजाना अपने घर आकर हर बार क्यों रुकती है?"

एक ही रास्ता

मुल्ला ने कड़की के दिन ठान लिया कि आज तो पेट का शौक तरबूज से ही पूरा करेंगे। वह एक खेत में घुस गए। अभी वह तरबूज चुरा ही रहे थे कि खेत वाले ने उन्हें देख लिया और उनके पास पहुंचकर बोला—"तुम यहां क्या कर रहे हो?" अब मुल्ला को झूठी सफाई देनी थी—"मैं तो यहां कुदरत की खूबसूरती का मजा लेने और आराम करने आया था।"

खेतवाला उनकी आदत जानता था। उसे पूरा शक था कि कुछ गड़बड़ है। उसने अपने खेत का मुआयना किया, फिर पूछा—"सही बताओ! तुम कहां पर आराम कर रहे थे?"

मुल्ला को फौरन जवाब देना था, जो उसने दे दिया। एक जगह गाय का गोबर पड़ा था, उन्होंने उस ओर इशारा करते हुए कहा—"वहां।" खेतवाला बोला, "पर, यह तो गोबर है। इस जगह?" मुल्ला ने फौरन कहा—"क्या तुम मुझे इनसानियत से यह सब करने देते?"

अल्लाह की मर्जी

नसरुद्दीन की बेगम उन्हें हमेशा सलाह देती थी कि अपनी आदत सुधारो। नेक काम पर बोला करो—"अल्लाह की मर्जी।" पर

मुल्ला अनदेखी कर जाते। एक बार उसने समझाकर भेजा तो वह उसका मन रखने के लिए मान गए।

नसरुद्दीन नदी के पार खेत की जुताई करने जा रहे थे, तब भी बेगम ने टोका—"आते-जाते बोल तो दिया करो, अल्लाह की मर्जी"। मुल्ला बोले—"अल्लाह की मर्जी हो न हो, मैं तो वापस आकर खाना जरूर खाऊंगा।" यह कहकर मुल्ला अपना गधा और बैल लेकर चल दिए। उनके जाते ही उनकी ओर से बेगम ने अल्लाह से माफी मांगी।

उधर नसरुद्दीन का दिन खराब निकला। जोर की बरसात हो गई। नदी की धारा तेज हो गई। बैल की भी टांग टूट गई, इसलिए खुद नसरुद्दीन को बैल की जगह गले में हल रखकर जुताई करनी पड़ी। रात होने को थी, इसलिए वह घर लौटने लगे।

दरवाजा 'ठक', 'ठक' किया। बेगम ने अंदर से ही आवाज लगाई—"कौन है!" दरवाजे पर खड़े भीगे-भागे, कांपते मुल्ला ने जोर से कहा—"हां, मैं ही हूं, अगर अल्लाह की मर्जी हो!"

जिंदगी बेकार है

घर का चूल्हा फुंकता और रोटी सिंकती रहे, इसके लिए नसरुद्दीन ने तय किया कि कोई नया धंधा किया जाए। इस बार

उन्होंने मल्लाह बनने की ठानी, क्योंकि उन्होंने सुन रखा था कि बहुत से लोग समंदर पार जाते हैं। उनकी नाव मुसाफिर और सौदागरों को लाने-ले जाने लगी। कमाई भी अच्छी हो रही थी। आने-जाने वालों से वह बाहरी दुनिया की तफसीलात पता करते।

एक दिन एक उस्ताद नाव में बैठे। चप्पू चलाते मुल्ला से उन्होंने पूछा—"इसी इलाके के हो? यहां का मुखिया कैसा आदमी है?" मुल्ला ने कहा—"मुझे पता नहीं।" सुनते ही उस्ताद बोले—"ऐसा नहीं कहते। तुम्हें जरा भी इल्म नहीं है। कहां तक तालीम पाई है तुमने? ऐसा बोला जाता है कि मुझे इस बारे में मालुमात नहीं है।" फिर वह बोले—"लगता है तुमने मदरसे में मन लगाकर नहीं सीखा।" सुनकर नसरुद्दीन ने हामी भरते हुए जैसे ही बेबसी में सिर हिलाया। उस्ताद जी फिर बोल उठे—"तब तो तुम्हारी आधी जिंदगी बेकार है।"

मुल्ला ने अब आगे के सफर में इस डर से खामोश रहने में ही सलामती समझी कि कहीं उस्ताद फिर किसी बात पर उसकी बाकी आधी जिंदगी भी बेकार करार न दे दें। तभी समंदर में तूफान उठने लगा। लहरों से टकराकर नाव हिचकोले खाने लगी। वह डूब भी सकती थी, शायद डूब रही थी। नसरुद्दीन ने जब महसूस किया कि अब नाव ज्यादा देर की

मेहमान नहीं है तो उसने उस्ताद जी से कहा—"उस्ताद जी क्या आपको तैरना आता है? क्योंकि नाव डूब रही है।" उस्ताद जी बोले—"मुझे तो जरा भी तैरना नहीं आता।" सुनकर मुल्ला ने जोर से अफसोस जाहिर किया—"फिर तो आपकी सारी जिंदगी ही बेकार है। नाव डूब रही है।"

ईमानदार तस्कर

मुफलिसी के दिनों में नसरुद्दीन ने नया कारोबार शुरू किया। वह रोज गधे पर आटे के बोरे लादकर पड़ोस के शहर में बेचने जाने का फैसला करते हैं। जब वह अपने शहर की हद पार करने लगे तो चुंगी वाले ने चौकी पर उन्हें गधा समेत रोका और पूछा—"इसमें क्या है?" नसरुद्दीन ने कहा—"यह आटे से भरे थैले हैं और मैं ईमानदार तस्कर हूं।" यह सुनते ही चुंगीवाले ने पूरे गधे की, सामान की तलाशी ली, पर जब कुछ नहीं मिला तो उसने जाने दिया।

मुल्ला उस शहर में गए और पूरा आटा बेच आए। जो पैसा मिला उससे उन्होंने वहां का आटा खरीदा और अपने शहर ले आए। यह सिलसिला चलता रहा। न नफा हो रहा था, न

नुकसान। उधर चुंगीवाले सिर खुजाते कि मुल्ला का यह कैसा कारोबार है, लेकिन पड़ोसी देख रहे थे कि मुल्ला अब पहले से भी ज्यादा मालामाल होते जा रहे हैं। मुल्ला ने अपने लिए हवेली, सबके लिए मस्जिद बनवाई।

मुल्ला की तरक्की से हैरान चुंगीवाले अब और सख्त होकर गधे की तलाशी लेते कि आखिर क्या आ-जा रहा है। वे काठी तक तलाशते पर आटे के अलावा कुछ नहीं मिलता। अमीर होने की वजह कोई नहीं जान पा रहा था। तलाशी लेने वाला चुंगी अफसर भी एक दिन नौकरी से निपट गया।

कुछ वक्त बाद वह पुराना चुंगी अफसर बाजार में नसरुद्दीन से टकराया। उसने मिलते ही पूछा—''यार! अब तो मैं नौकरी भी नहीं करता। अब तो जरा बता दो काहे की तिजारत से तुम दौलतमंद हो गए? मैं सालों से यह सवाल मन में रखे हूं?''

उसकी इच्छा पूरी करते हुए बेफिक्र नसरुद्दीन ने कहा—''वो पुराने दिन बहुत अच्छे थे। मैंने बहुत पैसा बनाया, रोजाना गधे की तस्करी से।''

999 का चक्कर

कहते हैं निन्यानवे का चक्कर बहुत बुरा होता है। जो एक बार फंसा सो फंसा। फिर यह तो तीन नौ यानी 999 का चक्कर था, जो नसरुद्दीन के अमीर पड़ोसी को बड़ा महंगा पड़ा।

वाकया तब का है जब मुल्ला अमीर नहीं हुए थे, गरीब थे। उनका पड़ोसी जरूर खासा अमीर था। मुल्ला चाहते थे कि वह अपनी थोड़ी-सी दौलत उन्हें दे दे, पर वह क्यों देता? मुल्ला जानते थे कि पड़ोसी घाघ आदमी है, इसलिए उन्होंने भी चालाकी का रास्ता अख्तियार किया। वह रोजाना सुबह पड़ोसी की ओर आंख बंद करके गुजारिश करते—''अल्लाह! मुझे एक हजार सोने के सिक्के दे दो। मुझे बहुत जरूरत है। अगर 999 दोगे तो मैं नहीं लूंगा और सड़क पर फेंक दूंगा।''

उनकी फरियाद सुन पड़ोसी को हैरानी हुई कि यह 999 सिक्के क्यों नहीं लेगा! क्यों फेंक देगा! उसने उनका इम्तहान लेने की ठानी और एक रात अपनी तिजोरी से 999 सिक्के निकालकर एक रेशमी रूमाल में रखे और चुपचाप मुल्ला के घर की खिड़की पर रख दिए। पड़ोसी को पूरा एतबार था कि "ये तो 999 हैं। मुल्ला तो लेगा ही नहीं। वापस आ ही जाएंगे, साथ पता भी चल जाएगा कि माजरा क्या है?"

सुबह मुल्ला ने सिक्कों से भरी थैली देखी तो उनकी आंखों में चमक आ गई। वह अच्छी तरह जान गए कि सिक्के कहां से आए हैं? अपनी चाल की कामयाबी पर उन्होंने खुदा का शुक्रिया अदा किया। अब मुल्ला ने हिसाब लगाया, ये हैं तो 999 पर जिस रेशमी रूमाल में यह रखे हैं वह खुद एक सिक्के जितनी कीमत का तो है ही, इसलिए मैं तो इसे पूरे '1000' मान कर रख लेता हूं।

उधर पड़ोसी दिन भर इंतजार करता रहा कि कब मुल्ला उसकी थैली सड़क पर फेंकें और वह उठाए। हफ्ता गुजर गया तो पड़ोसी का सब्र भी टूट गया और वह मुल्ला के पास जाकर बोला—"देखो, तुम रोज फरियाद करते थे। वह थैली खुदा ने नहीं, मैंने दी है। मैं तुम्हारी ईमानदारी जांचना चाहता था। अब उसे लौटा दो।"

मुल्ला अड़ गए—"पर वो 999 नहीं हैं, मैंने उन्हें 1000 बना दिया। अल्लाह ने मेरी फरियाद सुन ली।" पड़ोसी समझ गया कि ऐसे उसके सोने के सिक्के नहीं मिलने वाले, इसलिए उसने अदालत का रास्ता पकड़ा। काजी के फैसले पर उसे भरोसा था। फैसले की तारीख आ गई। मुल्ला अदालत समय पर पहुंच जाएं, इसके लिए अमीर पड़ोसी उनके पास पहुंचा और बोला—"तुम्हें तो अदालत में होना चाहिए?" मुल्ला ने कहा—"जरूर, पर क्या करूं, मेरे पास न तो अच्छी पोशाक है, न घोड़ा।" पड़ोसी आज हर हाल में मुल्ला को अदालत में देखना चाहता था, इसलिए उसने अपनी कीमती पोशाक और घोड़ा मुल्ला को दे दिया। अब मुल्ला शान से अदालत पहुंचे।

अदालत में काजी साहब ने दोनों की फरियाद सुनी। पड़ोसी जान रहा था कि मुल्ला अब फंस गया। काजी ने मुल्ला से जानना चाहा—"तुम्हें अपनी सफाई में कुछ कहना है?" यह मौका मिलते ही नसरुद्दीन ने कहा—"हुजूर, अभी तक आपने मेरे पड़ोसी की ही बात सुनी, जो बार-बार कह रहा है कि 999 सोने के सिक्के की थैली इसकी है। अब थोड़ी देर में ये तो यह भी कह सकता है कि यह कपड़ा, जो मैंने पहन रखा है और वह घोड़ा, जो दरवाजे पर बांधकर आया हूं, इसका है?"

तभी पड़ोसी बोल पड़ा—"हां हां, यह कपड़े और वह घोड़ा भी मेरा है।" मुल्ला ने फिर कहा—"हुजूर! देखा! मैं सच कह रहा था न। ये तो हर चीज को आदतन अपनी बताने का आदी है।"

काजी साहब को मुल्ला की बात में वजनदारी नजर आई और उसने फैसला सुना दिया—"सिक्के की थैली मुल्ला नसरुद्दीन की ही है।" अब मुल्ला नसरुद्दीन 999 सोने के सिक्के, कीमती कपड़े और एक घोड़े के साथ अमीर होकर शान से जिंदगी बसर करने लगे।

देश-विदेश के जीव-जंतुओं की लोक कथाएं

तीन भागों में

पशु-पक्षी मानव-जीवन के अभिन्न अंग हैं। तनिक विचार कीजिए, यदि हमें चिड़ियों का चहचहाना, पपीहे की पीहू-पीहू, कोयल की कूक सुनने को न मिलती, मयूर का नर्तन, वन में विचरण करते मृग छौने देखने को न मिलते तो हमारा जीवन कितना नीरस होता। आपको यह जानकर शायद हंसी आए कि इन पशु-पक्षियों को लेकर मनुष्य ने कैसी-कैसी कल्पनाएं कीं। उदाहरण के लिए – बाघों के शरीर पर काली धारियां कैसे बनीं? मगरमच्छ की पीठ खुरदरी क्यों होती हैं? कुत्ता अजनबियों को देखकर भौंकता क्यों है? चमगादड़ की गिनती क्यों न तो पशुओं में और न पक्षियों में ही होती है, आदि-आदि।

कालांतर में यही कल्पनाएं लोककथाओं का रूप धारण करती गईं। आज विश्व के अनेक देशों, जैसे भारत, वियतनाम, अफ्रीका, अमेरिका, फिलिस्तीन आदि में इन पशु-पक्षियों के विषय में अनेक प्रकार की लोक कथाएं प्रचलित हैं। उन्हीं लोक कथाओं में से कुछ कथाएं चुनकर प्रस्तुत पुस्तक में समाहित की गई हैं। आशा है इन्हें पढ़कर आपका मनोरंजन तो होगा ही, आपके ज्ञान में वृद्धि भी होगी।

कहावतों की कहानियां

कहावतें जन-जीवन में बरसों-बरस से रची-बसी चली आई हैं और आगे भी यह सिलसिला निरंतर जारी रहने वाला है। ये बड़ी मनोरंजक, चुटीली और अर्थपूर्ण होती हैं। कहावतों के प्रयोग से आपका लिखा हुआ प्रारूप या रचना, या फिर आपका भाषण या वक्तव्य सौंदर्य और शक्ति ग्रहण करता है। इससे आपकी लिखित या मौखिक अभिव्यक्ति प्रभावशाली बन जाती है और आपके विचार भी वज़नदार हो जाते हैं।

कहावतें इतनी खांटी और भदेस होती हैं कि सुनने वाले के भीतर तक उतरती चली जाती हैं। इनमें बोलने के साथ ही दृश्य-चित्र को साकार कर देने की अपार क्षमता होती है। कहावतें आपकी भाषा को सजा-संवार कर संस्कार भेंट करती हैं।

इस पुस्तक में सैंकड़ों में से चुनकर 51 कहावतों को लिया गया है, जो रोजमर्रा के जीवन में प्रयोग की जाती हैं। एक बच्चे को भी कहीं पढ़कर यह जिज्ञासा हो सकती है कि 'एक तो करेला दूसरा नीम चढ़ा' या 'जिसकी लाठी उसकी भैंस' या 'मन चंगा तो कठौती में गंगा' या 'शेर का डर नहीं जितना टपके का' इनका क्या मतलब है? यह पुस्तक उनकी ऐसी जिज्ञासाओं की तुष्टि करती है। इन्हीं कहावतों के जन्म की रोचक-मनोरंजक और लोकप्रिय कहानियां इसमें दी गई हैं।

तेनालीराम के किस्से

हाज़िरजवाबी, चतुराई एवं हास्य से भरपूर

आज तेनालीराम को कौन नहीं जानता! इनके चतुराई और हाज़िरजवाबी भरे किस्से बड़ी रोचकता से प्रायः हर जगह कहे व सुने जाते हैं। तेनालीराम दक्षिण भारत के प्रसिद्ध राजा कृष्णदेव राय के विदूषक थे। राजा कृष्णदेव राय अच्छी सामाजिक व्यवस्था और उचित न्याय के कारण अपनी प्रजा में अत्यंत लोकप्रिय थे तथा दूर देश के पंडित भी अपने जटिल प्रश्नों को लेकर राजदरबार में आया करते थे, उन चुनौती भरे प्रश्नों का समाधान अकेले ही तेनालीराम अपने चातुर्य से कर दिया करते थे, इससे राजा की प्रतिष्ठा दिन-दूनी रात चौगुनी फैलती जा रही थी।

प्रस्तुत पुस्तक में तेनालीराम के तमाम किस्सों में चुनिन्दे किस्से ऐसे संकलित हैं, जो तेनालीराम की चतुराई और तीक्ष्ण बुद्धि के परिचायक हैं। इन किस्सों को पढ़ने से निश्चय ही सोचने-विचारने की क्षमता तो बढ़ती ही है, साथ ही साथ भरपूर मनोरंजन भी हो जाता है।

श्रेष्ठ कोरियाई कथाएँ

डॉ. जोंग सून सियो
डॉ. एम. ज्ञानम

इस पुस्तक में श्रेष्ठ कोरियाई कथाएँ संकलित हैं—पतिव्रता चुन्ह्यांग की पावन कथा, पितृभक्ता सिम च्योंग की पवित्र कथा और दयालु हेयुंगबू की दिव्य कथा, जो क्रमशः प्रेम, पितृ भक्ति और दयालुता को प्रदर्शित करती हैं। ये कथाएँ कोरिया में अत्यधिक प्रचलित तथा लोकप्रिय हैं। ये प्राचीन काल से ही पानसोरी नामक कोरियाई गीत-नाट्य (ओपेरा) के रूप में पायी जाती थीं जिन्होंने बाद में गद्य का रूप ले लिया। इनके मूल लेखक का नाम कोई नहीं जानता। इन कथाओं को किसने, कब सर्वप्रथम सुनाया, कोई नहीं जानता। लेकिन आज हर कोरियाई व्यक्ति इनकी कथावस्तुओं और इनके पात्रों से सुपरिचित है और उनसे घनिष्ठ आत्मीय संबंध रखता है।

ये कथाएँ कोरिया की संस्कृति, विश्वास, रहन-सहन, ऐतिहासिक तथा भौगोलिक रूपरेखा आदि का जीवंत परिचय प्रस्तुत करती हैं। अनुवाद की भाषा को सरल एवं सरस रखा गया है। शैली को सजीव एवं आकर्षक बनाने का पूरा प्रयास किया गया है।